A TRAVERS

L'ALGÉRIE D'AUJOURD'HUI

AUGUSTE BESSET

A travers
L'Algérie
d'Aujourd'hui

Notes et Croquis

Illustré de 47 Phototypies

CHAGNY

IMPRIMERIE ROY FRÈRES

1896

A *Monsieur le Docteur*

Félix Martin

Sénateur de Saône-et-Loire.

Hommage Affectueux.

PRÉFACE

En publiant ces notes et croquis
relevés en courant « à travers l'Algérie d'aujourd'hui », nous n'avons
pas la prétention de décrire une fois
de plus ce joyau du trésor colonial
de notre patrie. Des plumes plus
alertes et plus autorisées nous ont
fait connaître son administration,
ses coutumes et ses mœurs, ses sites
sauvages et ravissants, son sol merveilleux et les immenses ressources
que la France en pourrait tirer.

Ce que nous voudrions redire et voir cesser, c'est cette indifférence vraiment étrange et impardonnable que professent nos compatriotes pour cette terre attrayante et féconde, que les moyens de locomotion actuels mettent à quelques heures de la mère-patrie.

Nous irons volontiers parcourir la Suisse et l'Italie, suivant les sentiers éternellement battus par les clients d'une agence Cook quelconque ; mais rarement oserons-nous affronter vingt-huit heures de mer pour jouir du panorama le plus inattendu, le plus merveilleux qui se puisse rêver.

En 1832, deux ans après l'occupation, 1.927 Français habitaient la colonie; en 60 ans, ce chiffre s'est élevé à 270.000; qu'est-ce en regard des 234.000 individus de nationalités étrangères? Qu'adviendrait-il, s'ils faisaient cause commune à un moment donné avec les 3 millions et demi d'indigènes?

N'y a-t-il pas là, sur cette terre ensoleillée, tout ce qu'il faut pour attirer et fixer l'armée des sans-travail qui vient s'échouer si misérablement sur le pavé de nos grandes villes, pendant que les juifs et les aventuriers cosmopolites sont seuls à bénéficier d'une conquête si chèrement payée, et qui coûte encore bon an mal an 80 millions au budget national.

Qui t'aimera assez pour te ressus-
citer, ô grenier de la Rome antique.

Chagny, le 1er août 1896.

A. B.

A TRAVERS

L'ALGÉRIE D'AUJOURD'HUI

DE CHAGNY A MARSEILLE

Voir l'Algérie et puis mourir….. longtemps, longtemps après ! C'était mon
rêve déjà sur les bancs du collège.
Depuis, les relations que j'avais lues
sur ce pays merveilleux, les héroïques
faits d'armes de nos soldats sur cette
terre lointaine n'avaient pas peu con-
tribué à entretenir chez moi ce désir
qui devait se réaliser ; mais, coïncidence
étrange et chose triste à dire pour un
enfant de la Bourgogne, je dus ce

bonheur au phylloxéra qui en ce moment ruinait nos belles contrées.

Dans leur détresse, les négociants en vins de la région se dirigeaient vers les vignobles algériens alors en pleine production. Chaque année, beaucoup d'entre eux se rendaient dans la colonie au moment de la récolte.

Un certain jour, mon ami Georges..... m'annonça qu'il allait partir bientôt pour son voyage annuel et qu'il me verrait avec plaisir l'accompagner. Je fus vite décidé et, quelques jours après, le temps de faire sa malle et son testament, nous nous embarquions.

Doucement bercé par l'express, je m'envolais en songe vers les plaines magnifiques de notre riche colonie. Au moment où le vieil ami Bombonnel, d'une balle en plein cœur faisait rouler à mes pieds sa centième panthère, un appel énergique me réveilla brusquement dans la nuit : « Tarascon ! Tarascon ! quinze minutes d'arrêt ! » Tarascon, Tartarin ! Instinctivement je me penchais à la portière, croyant voir dans la nuit le mirifique voyageur. Seul, l'air rafraîchi par le voisinage du Rhône me fouetta le visage, et, retourné à mon coin, le souvenir de l'odyssée du bon et grand méridional me fit faire mentalement cette sorte d'invocation :

« Ombre du grand Tartarin, protège-nous ! Comme toi, nous allons voir les *Teurs;* fais que nous ne soyons pas la proie des princes monténégrins et des bayadères de Montmartre. »

Il fait nuit encore à notre arrivée à Marseille et, malgré notre désir de parcourir de suite la grande cité phocéenne, l'heure matinale nous engage à prendre quelques heures de repos ; mais bientôt nous descendons la Cannebière tant vantée, et nous nous trouvons sur le quai du Vieux-Port, humant ses odeurs. Nous poussons jusqu'à la Joliette, à travers une foule grouillante de débardeurs bronzés, qui s'interpellent dans toutes les langues, en déchargeant les oranges ou les morues odorantes. Voilà le magnifique transatlantique qui doit porter notre fortune. Diable! Nous trouvons qu'il se dandine beaucoup; la mer et le mistral semblent fort en colère; rien ne nous presse, en somme; si nous remettions la partie au lendemain. Prudence est mère de sûreté, et sans nous consulter davantage, nous tournons bravement les talons à l'onde perfide.

Quelques instants après, nous étions attablés au restaurant en vogue, faisant provision de forces et de courage.

Une fois réconfortés, nous jetons un coup d'œil sur le vieux quartier avec

MARSEILLE. — LA CANNEBIÈRE

ses ruelles sombres au pavé glissant ;
puis, en route pour Notre-Dame de la
Garde ; la montée est longue et raide ;
mais nous voici enfin sur la plate-forme
et, dès lors, nous sommes largement
payés de nos peines. La vue est admirable.

A nos pieds, le quartier des Catalans
s'avance comme un promontoire au-
dessus du Vieux-Port ; c'est là, je m'en
souviens, que Dantès, le futur Monte-
Cristo, venait faire sa cour à la belle
Mercédès, dont les aventures merveil-
leuses firent et feront toujours les délices
du collégien. Sur notre gauche, les
croupes blanches de l'Esterel filent du
côté de Toulon ; devant nous, les îles de
la côte avec leurs ruines inondées de
soleil ; plus loin, le château d'If où le
gardien montre encore, avec une convic-
tion profonde, le cachot de l'abbé Faria,
le professeur et le libérateur de Dantès. A

l'horizon, le golfe du Lion, aux courants incléments, et sur un récif dentelé, le phare du Planier, la providence des nuits noires et de la brume. Sur notre droite et par-dessus la ville, les plaines de la Crau et les marais immenses formés par le delta du Rhône.

Comme diversion à cette griserie d'air, de lumière et de poésie, le soir nous visitons le Palais de Cristal, une réduction des Folies-Bergères, où deux hommes, deux brutes aux énormes ventres ballonnés, quelque chose comme le Rempart du Midi et le Bordelais Parisien, luttent interminablement, aux applaudissements frénétiques d'une foule en délire. Puis nous terminons la soirée par une courte pose à la Maison Dorée, ce Café Anglais de Marseille où les Grammont-Caderousse sont joués par quelques marchands de raisins secs ayant fait d'heureuses spéculations à la Bourse du jour.

MARSEILLE. — UN COIN DU VIEUX-PORT

UNE HEUREUSE RENCONTRE
EMBARQUE! EMBARQUE! ARRIVÉE
A ALGER

Le lendemain, à peine dans la rue — en croirai-je mes yeux, — c'est un pays, un Bourguignon de Puligny-Montrachet, qui vient à nous les mains tendues ; c'est le brave capitaine d'artillerie, notre ami F..., le héros de cent combats, en Kabylie, dans le Sud-Oranais et en Tunisie où, aux côtés du général Forgemol, il entre dans la vieille mosquée, jusqu'alors inviolée, de Kairouan-la-Sainte, avec ses bottes de campagne, au grand scandale des vieux marabouts fanatiques. Où va-t-il de ce pas ? Je vous le donne en mille ?

Arrivé du matin même, il est en partance pour Orléansville. Nous allons faire route avec lui. Sans consulter cette fois ni le vent, ni la crête moutonneuse des vagues, nous retenons joyeux notre passage sur la *Ville de Rome* et, à midi précis, nous franchissons la passe au milieu des adieux et des souhaits de bon voyage qui, malheureusement, ne s'adressent pas à nous.

Joyeusement attablés dans le petit salon de l'arrière, nous dégustons un excellent moka, en devisant à qui mieux mieux. Soudain, le rire expire sur nos lèvres; la *Ville de Rome* commence à danser. Un à un, les passagers s'éclipsent et nous ne tardons guère à en faire autant. Tandis que nous payons largement notre tribut à Amphitrite, le capitaine, solide comme un loup de mer, va et vient, intangible, essayant mais en vain de nous réconforter. Il

MARSEILLE. — LE PORT DE LA JOLIETTE

nous apporte des consolations où percent quelques pointes d'ironie, mais qui sont perdues ; il cherche à nous intéresser aux ébats auxquels se livrent les bandes de marsouins autour du bateau ; il nous annonce que nous sommes en vue des îles Baléares, et que l'on aperçoit les feux de Port-Mahon, sans que cela nous fasse sortir de notre torpeur.

Pour comble, la nuit est horrible : la *Ville de Rome* se livre à un inquiétant cavalier seul ; d'énormes paquets de mer se brisent contre le bordage avec un bruit de tonnerre ; la batterie de cuisine s'entrechoque et dégringole ; de sinistres craquements se font entendre : décidément nous ne sommes pas à la noce ; c'est un fort grain. Le jour se lève sans que nous éprouvions le désir de voir poindre l'aurore ; les heures succèdent aux heures, mais le satané mal ne lâche pas sa proie.

Enfin, à quatre heures du soir, le capitaine, toujours frais et dispos, entre en coup de vent dans notre cabine en criant : « Terre ! Terre ! » comme un nouveau Christophe Colomb.

A cet appel magique nous reprenons courage ; d'un pas mal assuré nous grimpons sur le pont et quel spectacle inoubliable ! Subitement notre mal est guéri.

ALGER

La terre d'Afrique est dessinée par
une ligne qui court légère sur la surface des eaux : peu à peu, le ruban
émerge et s'écaille ; les sommets d'un
vert sombre du Sahel d'Alger se
détachent sur un ciel tour à tour azuré
ou chargé par les nimbus que pousse le
vent du large.

Bientôt nous voilà à la hauteur du
cap Matifou ; sur un fond vert intense
se détache maintenant le triangle de
marbre blanc que représente Alger.
Sur notre gauche, au premier plan, les
contreforts de l'Atlas s'étendent pares-

seusement au-dessus de la Mitidja, et dans le lointain se dessinent les pics élevés de la grande Kabylie ; sur notre droite, le dôme de Notre-Dame d'Afrique miroite sous le soleil couchant, tandis que la pointe Pescade s'estompe et se noie peu à peu dans la brume.

Il est cinq heures du soir lorsque nous longeons le fort qui commande la passe ; nous avons donc mis vingt-neuf heures seulement pour franchir les 800 kilomètres qui séparent Marseille d'Alger, malgré le mauvais temps. Le transatlantique évolue doucement au milieu des navires, des yachts, des chaloupes et vient s'amarrer à l'appontement. Nous sommes libres ! Sans regretter le superbe aménagement de la salle à manger du bateau, nous gagnons le quai entre deux haies de curieux qui sourient de nos faces blêmes, et nous

ALGER

sautons dans un omnibus pour échapper aux hordes de portefaix indigènes
qui nous arrachent littéralement nos
valises des mains, et avec lesquels
notre état de faiblesse ne nous permet
guère de lutter. Un quart d'heure après,
nos petits désagréments sont oubliés
et nous dînons joyeusement en compagnie du capitaine de tirailleurs M***,
un exubérant Beaunois que vient de
rencontrer notre ami F***, et qui nous
raconte une série d'histoires croustil-
lantes sur les mœurs du Sud et du
pays de Laghouat jusqu'à une heure
des plus avancées.

LA KASBAH. — UN PEU D'HISTOIRE
EL-BIAR ET MUSTAPHA

Le lendemain, le capitaine F***, qui
peut nous consacrer une journée avant

de rejoindre Orléansville, nous propose de visiter la Kasbah, la fameuse forteresse des anciens deys, repaire des forbans barbaresques.

Il nous sera d'autant plus aisé de la visiter à l'aise et par le menu qu'elle est commandée par un ami du capitaine. Après notre visite, nous continuerons la promenade par El-Biar et Mustapha ; nous aurons ainsi fait connaissance avec toute la partie sud-est d'Alger. Notre équipage quelque peu lamentable, quoique attelé d'un pur sang à coup sûr réformé, s'arrête devant la porte du fort où le commandant nous accueille avec la plus grande cordialité.

Le palais d'Hussein-Dey, que l'affectation actuelle a dû complètement transformer, conserve cependant dans ses grandes lignes le caractère mauresque si visible encore en Espagne.

Les cours intérieures, entourées de colonnes torses en marbre blanc, ont encore leur cachet grandiose ; malheureusement, les revêtements, qui autrefois étaient en faïences de Delft, ont disparu depuis longtemps et ne sont qu'imparfaitement remplacés par d'affreuses faïences aux tons criards, de provenance italienne. Nous pénétrons dans la vénérable mosquée du palais, et là, sur les dalles sacrées où le tout-puissant Hussein, dernier dey d'Alger, venait prosterner son front superbe, avec son cortège d'imans et de janissaires, que voyons-nous ? O décadence ! O sacrilège ! Un fouillis bizarre de tentes, havre-sacs, capotes et pantalons dont les piles s'étagent, s'entassent, grimpent jusqu'à la coupole. A peine avons-nous gémi sur le triste retour des choses d'ici-bas que nous voilà dans la grande salle du palais ; là-haut, sur une large galerie, se dresse encore le pavillon d'où le dey infligea à notre ambassadeur le soi-disant affront qui servit de prétexte à la prise d'Alger. A ce propos, que le lecteur nous permette une courte digression destinée à remettre les choses au point ; elle montrera que l'expédition était résolue depuis longtemps, et que notre ambassadeur Deval avait reçu des instructions pour faire naître un conflit à bref délai.

Deval, qui jusqu'alors avait vécu dans les meilleurs termes avec Hussein-Dey, lui rendait une visite officielle à l'occasion de la fin du Ramadhan, comme il était d'usage. Au cours de l'entrevue, d'abord des plus courtoises, Hussein demanda : « Comment se fait-il que ton roi auquel j'ai envoyé trois lettres ne m'ait pas encore répondu ? » « Mon roi a bien autre chose à faire que de répondre à un homme tel que toi, » répondit Deval. Comme bien on pense, la colère monte au visage du dey qui promène sur celui de l'insolent son soyeux éventail de plumes d'autruche. Deval quitta bruyamment la salle (où nous sommes en ce moment) et s'embarqua sur une corvette qui, à sa sortie du port, fut saluée, mais sans être touchée, par une bordée générale des batteries de la Kasbah.

Ceci se passait le 27 avril 1827 ; on resta trois années sans venger l'affront, et on dépensa en pure perte 7 millions par an pour bloquer Alger. Enfin, au mois de mai 1830, 644 navires voguèrent vers la côte africaine. Cette flotte, qui rappelait l'*Invincible Armada*, faillit avoir son triste sort ; ballottée par les vents contraires, elle mit vingt jours à faire un trajet qu'on effectue assez couramment aujourd'hui en 24 heures. Le 14 juin, le corps expéditionnaire, fort de 37.639 hommes, sous le commandement du général de Bour- mont, débarquait à la pointe de Sidi- Ferruch, située à quelques lieues à l'ouest d'Alger. L'opinion publique en France avait réprouvé hautement le choix du général de Bourmont ; mais la légitimité devait bien cet honneur au déserteur de Fleurus et de Waterloo. Il n'eut pas lieu de s'en réjouir ; la pre- mière balle qui fut tirée de la pointe de Sidi-Ferruch frappa mortellement un de ses quatre fils, officiers dans l'armée.

Maintenant nous sommes dans les caveaux qui renfermaient le trésor du dey, ce fameux trésor amassé par des siècles de piraterie et qu'on supposait incalculable. Ces caveaux se composent d'une succession de cases s'ouvrant sur le côté gauche de la grande salle du palais, pour ainsi dire sous les yeux du dey, qui habitait de préférence cette partie de sa résidence. Or, on n'y trouva, quoi qu'en aient dit les récits du temps, à peine de quoi suffire aux frais de l'expédition :

En lingots d'or : 20.368.635 fr.

En lingots d'argent : 19.315.821 fr. qui furent convertis en belles monnaies à l'effigie du roi citoyen. Il faut y joindre 7. 954. 554. fr. 83 c. en espèces monnayées ayant cours dans la régence. On voit qu'indépendamment de la perte de son royaume, le pauvre Hussein paya cher son coup d'éventail ; long-temps après, dans un voyage qu'il fit à Paris au cours de son exil, sa haine lui faisait dire : « Faites bouillir dans une même chaudière un Algérien et un Fran-çais ; laissez reposer et vous aurez deux bouillons séparés. »

Notre visite se termine par les anciennes batteries turques d'où l'on domine la ville éblouissante et le golfe tout semé d'étincelles. Prenant congé de l'aimable commandant, nous franchissons la porte par laquelle sont entrés nos soldats ; tout à côté est la fontaine de marbre blanc où fut décapité le premier parlementaire français qui vint faire, à la ville, sommation de se rendre. Et nous voilà sur une route bordée de touffes d'aloès ressemblant à de gigantesques lames de cimeterre plantées en terre et de figuiers de Barbarie qui sont à la patte de crapaud de nos jardins ce que le baobab est au pommier d'amour.

Nous apercevons bientôt sur notre gauche le fort Lempereur, ainsi dénommé parce qu'il occupe l'emplacement où campa Charles-Quint lorsqu'il vint mettre le siège devant Alger en 1541. Le 4 juillet 1830, après un bombardement dont tous les coups portaient, ce fort fut évacué par les janissaires et sur le soir, un nègre héroïque resté seul,

mettant le feu aux poudres, se faisait
sauter avec le fort. Une lueur intense
éclairant subitement la nuit, suivie
d'une épouvantable explosion jetèrent
la terreur dans les deux camps.

Plus loin, c'est El-Biar qui ressemble à toutes les banlieues de grande
ville avec leur population de maraîchers ;
Mustapha, le rendez-vous des hiverneurs
avec ses villas somptueuses et ses jardins féeriques ; nous rentrons à Alger
par la porte Bab-Azoun en saluant au
passage la statue fièrement campée du
père Bugeaud, l'homme à la casquette,
le généreux vainqueur de la Sikka et de
l'Isly.

DÉPART D'ALGER

BENI-MÉRED. — BLIDAH. — LES GORGES
DE LA CHIFFA. — MÉDÉAH.

Hélas ! Il n'est si bonne compagnie que le destin ne sépare ; mon ami Georges songe à ses affaires qui l'appellent à Médéah, le capitaine F... doit rejoindre son poste ; dès le troisième jour de notre arrivée, il nous faut quitter Alger, en nous promettant bien de la revoir plus en détail. A Blidah, nous quitterons la ligne et nous nous séparerons du capitaine pour prendre la diligence, l'antique patache de nos pères qui s'est refait ici comme une nouvelle virginité. La salle dans laquelle nous attendons le départ n'a rien qui ressemble à celles de nos gares ; encore ici, la variété des costumes et du langage vous rappelle que vous avez changé de continent ; les noms sonores des stations demandées au guichet vous ravissent l'oreille : les voyageurs pour l'Agha, Hussein-Dey, Blidah, Orléans-ville, Oran, en voiture, s'il vous plaît.

A peine sommes-nous partis que le train s'arrête à la station de l'Agha ; maintenant nous longeons la mer ; sur la droite s'étendent les jardins du Hamma, dont la voie traverse un instant les palmiers qui descendent jusqu'à la mer. Hussein-Dey ! Encore une station ; on se croirait dans un train de banlieue ; mais non, la marche devient plus rapide, et le train s'enfonce à toute vapeur dans une tranchée où nous n'avons pendant un instant comme horizon qu'un rideau d'aloès et de cactus bordant les talus.

Un temps d'arrêt à Maison-Carrée, point de bifurcation du chemin de fer de Constantine ; puis nous entrons dans cette splendide plaine de la Mitidja longue de 100 kilomètres, large de 22. A notre droite, les collines verdoyantes du Sahel ; à gauche les pics de l'Atlas. D'énormes eucalyptus bordent la voie : de chaque côté de belles cultures de céréales. Nous voilà à Bouffarick et là, où selon le dicton, les corneilles elles-mêmes ne pouvaient vivre, nous admirons de magnifiques plantations d'orangers encore chargés de leurs fruits. Quelques instants après, le train s'arrête à la station de Beni-Méred ; le capitaine nous montre la colonne commémorative, élevée à l'endroit même où le 11 avril 1841, le sergent Blandan et ses 22 compagnons, assaillis par 300 cavaliers, défendirent jusqu'à la mort la correspondance d'Alger qui leur avait été confiée.

Bientôt, après avoir traversé une véritable forêt d'orangers, nous entrons en gare de Blidah. Là, nous devons dire adieu, ou plutôt au revoir au brave capitaine F... qui nous fait promettre d'aller passer quelques jours auprès de lui.

Un kilomètre sépare la gare de la ville adossée à un contrefort de l'Atlas ; il fait un temps merveilleux ; autour de nous, des fleurs, des orangers chargés de leurs fruits ; et quel contraste ! Là haut sur la montagne un blanc manteau de neige. Un marabout célèbre a dit de Blidah : « On t'appelle une petite ville mais moi je t'appelle une petite róse. » Par une singulière coïncidence, cette ville que les Arabes appellent aussi la Kabah (la courtisane) fut détruite par un tremblement de terre, deux fois en qua-

BLIDAH

rante ans, le même jour, à la même
heure. Nous parcourons son superbe
jardin public avec ses rangées de pal-

BLIDAH. — LE BOIS SACRÉ

miers et d'oliviers, le quartier arabe avec
ses fondoucks (marchés couverts); à ce
moment, le premier régiment de tirailleurs défile après la revue du général
inspecteur; la musique alterne avec la

nouba (musique arabe) dont le motif suivant revient à chaque instant :

c'est un glorieux régiment! Un grand
nombre d'officiers et de tirailleurs
portent la médaille du Tonkin.

Le soir, nous nous hasardons dans le
quartier arabe, et nous arrivons sans
nous en douter à la porte d'un tam-tam
où nous entrons, rassurés par la présence des bons Pandores qui se tiennent
à l'entrée.

Nous sommes les seuls européens
dans la vaste salle ; au milieu, une cen-
taine d'arabes accroupis et silencieux ;

BAYADÈRE DE BLIDAH

au fond, une estrade où une douzaine de
mauresques chantent sur un ton aigu,
pendant que trois grands moricauds
soufflent à perdre haleine dans une sorte

de flûte de Pan, ou agitent et frappent des tambours de basque ornés de grelots ; tout cela manque de charme.

Le lendemain matin, en attendant le départ de la diligence des Messageries du Sud qui, en six heures, doit nous conduire à Médéah à travers les gorges renommées de la Chiffa, nous remontons le cours de l'Oued-el-Kébir qui descend de l'Atlas et fait marcher des moulins étagés produisant, paraît-il, mille balles de farine par jour.

La diligence, que conduit un patachon de la Cannebière, nous mène au galop de ses sept chevaux vers l'immense coupure qu'on appelle les gorges de la Chiffa.

Une suite d'auberges et de gourbis, des groupes d'ouvriers au type varié nous annoncent la proximité de travaux importants. On procède, en effet, à l'établissement de la voie qui, malgré des

difficultés inouïes, va franchir les gorges
pour se diriger sur Médéah, Boghar et
Laghouat. A l'entrée des gorges, nous
jetons un dernier coup d'œil sur la plaine.

LA CHIFFA. — ROUTE DE MÉDÉAH

Le tableau est magnifique : dans le
lointain, à travers la coupure du
Mazagran nous apercevons la mer ensoleillée ; au premier plan, la Mitidja avec

ses champs bigarrés, ses vignes et ses
fermes. La route côtoie le torrent qui
coule à cent mètres de contrebas; sur
notre droite, le roc se dresse à pic; des
cascades grossies par les dernières pluies
le sillonnent; de véritables forêts le
surmontent où hier encore grouillaient
des légions de singes que les travaux
du chemin de fer ont dispersés. Notre
conducteur nous raconte complaisamment l'ingénieux procédé par lequel les
arabes s'emparent de la gent simienne;
ils placent quelques fruits dans une bou-
teille à goulot assez large pour que
l'animal puisse y passer..... la main, et
qu'ils attachent fortement à un arbuste.
Le singe saisit un des fruits; mais la
main grossie par l'appât ne peut plus
ressortir; il pousse des cris aigus mais
ne lâche pas sa proie; l'indigène accourt,
jette son burnous sur le pauvre pour
éviter ses morsures, et notre précur-

GORGES DE LA CHIFFA

seur, victime de sa gourmandise, est emmené bien loin de son éden.

Au Rocher Pourri, endroit dangereux par ses éboulements, où en 1859, cent mille mètres cubes de rocher furent abattus à coup de canon et jetés dans le torrent, notre diligence, est obligée de s'arrêter un instant. La route est quasi barrée par un énorme char de foin conduit par huit mules. Ce n'est pas sans anxiété que nous doublons le char de foin ; pas de parapets bien entendu, et nos roues rasent le bord du ravin au fond duquel on entend gronder la Chiffa. Plus loin, nous croisons encore, non sans serrement de cœur, la diligence qui descend de Médéah, et au Camp des Chênes nous sortons enfin des gorges après une traversée de cinq lieues. A la Concession, nous changeons de chevaux car il nous faut encore gravir pendant deux heures les pentes du Djebel-Nador.

Nous sommes à 950 mètres d'altitude et nous avons devant nous le plus magnifique des panoramas. Au premier plan, Médéah, la ville des montagnes ; puis des monts et des cimes aux teintes les plus variées ; sur notre droite, les monts du Zaccar, le pays des panthères ; près de nous le col de Mouzaïa, fameux par les combats sanglants qu'y livrèrent nos soldats et qu'illustra le pinceau de Philippoteaux.

Maintenant nous descendons et, à cinq heures, nous avons la bonne fortune de trouver à l'hôtel d'Orient un excellent gîte, bien gagné après une longue journée de voiture.

MÉDÉAH ET SON VIGNOBLE

LA MISSION FLATTERS ET LES AFFIRMATIONS
DE L'INTERPRÈTE EL DJEBARI

Médéah, grâce à son altitude, a une
végétation à part; on dirait un paysage
du Centre de la France. Sur ses coteaux,
des vignes, des peupliers, des ormes,
des noyers; n'était les gens du cru, on
se croirait volontiers dans les arrières-
côtes de notre Bourgogne. La ville,
bâtie à l'européenne, a fait disparaître
les maisons arabes qui étaient brouillées
avec l'alignement. Sur l'emplacement
de l'ancienne Kasbah, s'élèvent les établissements militaires qui peuvent être

transformés en citadelles. Indépendamment des vignobles renommés, de riches
cultures entourent la ville ; aussi, le
marabout déjà cité a-t-il pu dire :
« Médéah, ville d'abondance ; si la
famine y entre le matin elle en sort le
soir. »

Aux alentours les villages de Lodi,
Damiette, Hassen-ben-Ali possèdent
des vignobles en pleine prospérité dont
les crus sont déjà avantageusement con-
nus. Tous ces vignobles ne datent guère
que d'une vingtaine d'années ; auparavant, le pays ne cultivait que des raisins blancs qui alimentaient presque
uniquement le marché des villes.

C'est à Médéah, qu'en automne 1880
se forma la mission du colonel Flatters.
Ancien commandant du cercle de
Laghouat, il entretenait depuis longtemps des relations avec les peuplades
de l'extrême Sud dans le but de pou-

MÉDÉAH

voir, un jour, gagner le Niger à travers le pays touareg. Le moment semblait propice. Un chef touareg, Sghir-ben-Cheick, était venu lui faire à Médéah même force protestations d'amitié. Plein de confiance, le colonel prépara aussitôt son expédition. Il ne tint pas compté des avertissements du fameux guide Ab-el-Kader-ben-Ama dont il voulait s'assurer les services et qui lui dit, dans sa grande connaissance de la duplicité de ces écumeurs du désert ! « Je veux bien te suivre, mais à condition que tu fasses enfermer les touaregs qui sont ici. » Ce conseil ne fut pas suivi. Parti avec 500 tirailleurs, accompagné de MM. Béringer, ingénieur d'état, Roche, ingénieur des mines et Guiard, docteur, le colonel emportait pour quatre mois de vivres. De Laghouat à Ouargla, on eut des nouvelles de la colonne, mais à partir du 29 janvier 1881 au moment où l'on supposait qu'elle avait atteint le pays touareg, plus rien, que des craintes malheureusement justifiées. Le 16 février, Sghir-ben-Cheik, qui était parti en avant sous prétexte de préparer une brillante réception, revint subitement au campement avec une escorte qui poussait des cris de guerre. Le traître se précipita sur le colonel désarmé qu'il tua de sa propre main ; le capitaine Masson et ses compagnons furent également massacrés. Son crime accompli, Sghir-ben-Cheik s'éloigna sur la jument du colonel, dont, pendant la route, il avait pu admirer les brillantes qualités. On apprit ce guet-apens par une douzaine de turcos qui parvinrent à rallier Ouargla, après avoir, dit-on, vécu de la chair de leurs malheureux camarades.

Tout récemment, un interprète, El-Djebari, au cours d'un voyage au pays touareg, prétendit avoir vu, sans pouvoir cependant les entretenir, les survivants de la mission parmi lesquels seraient le colonel Flatters et les ingénieurs qui occuperaient, dit-il, une situation importante dans ce pays. Il vint à Paris dans l'espoir que sa découverte engagerait le gouvernement à envoyer une expédition dans ces parages. Pendant quelque temps, on se passionna pour cette haute question de solidarité française ; Djebari fit des conférences au cours desquelles il semblait prouver l'existence de nos malheureux compatriotes ; mais on finit par se dire que des hommes de cette trempe auraient certainement fini par tromper la surveillance de leurs gardiens, et gagner la Tripolitaine ou Tombouctou, dont ils auraient appris l'occupation. Et les dernières illusions prirent fin ; nos pauvres compatriotes sont bien morts, victimes de leur aveugle confiance.

PHYSIONOMIE DE MÉDÉAH

MŒURS DES INDIGÈNES

Dans l'ancienne capitale du Titteri, le touriste chercherait en vain les paysages algériens si répandus par la peinture et la photographie. Ici, aucune de ces maisons à terrasse où les femmes indigènes passent les belles soirées d'été, voyant tout sans être vues ; l'altitude du pays lui évite ces étés torrides qui anéantissent toute vie pendant le jour. Par contre, l'hiver s'y fait sentir cruellement, et c'est pitié de voir les indigènes grelotter dans leurs burnous en loques, jambes et pieds nus dans la neige.

La population indigène est assez dense ; les juifs y sont nombreux. Ils se livrent à toutes sortes de commerces, mais ils prêtent surtout à des taux exorbitants. Ils réussissent ainsi, le plus souvent, à s'emparer des terres pour les faire ensuite exploiter par les arabes dépossédés. Aussi l'antipathie est-elle des plus grandes entre les deux races.

Les Mozabites abondent également et ont beaucoup de ressemblance avec les juifs dont ils partagent la passion pour le lucre. Pour la plupart des indigènes de la ville, la journée se passe en longues stations dans les rues et sur les places, en siestes interminables dans les cafés maures. Le jeudi, jour de marché, lorsqu'il fait beau, les kabyles agriculteurs ou krammès viennent en grand nombre avec leurs moutons, leurs bœufs et leurs chevaux, voire même

avec des charges de bois et de charbon
à dos de *bourriquots*.

Dans la belle saison, la place d'armes
est un lieu de rendez-vous ; les cafés et
buvettes foisonnent et tous très fréquen-
tés ; malheureusement aussi, bien que
les récoltes soient abondantes et que les
vins se vendent bien, l'aisance est rare.

Dès les premiers jours, je suis heureux de faire la connaissance du vénérable docteur Crouzat, élève du célèbre
Delpech, déporté de 1852, et qui depuis
cette époque n'a cessé d'habiter
Médéah, où il a rendu de signalés services. Malgré ses 78 ans, ce robuste
vieillard a conservé toute sa vivacité
d'esprit et toute sa verdeur. Il n'est pas
rare de le voir courir la nuit au lit des
malades les plus pauvres, où bien souvent il ne laisse pas seulement des
médicaments. A ce métier, il ne s'est
pas enrichi, et l'on cherche en vain sur

sa poitrine la croix qu'il mérite si bien.

Il y a ici un régiment de spahis dont le colonel est indigène. Élevé à la française et naturalisé, Ben-Daoud est un des rares indigènes qui soient arrivés à un grade aussi élevé ; le reste de la garnison se compose d'un bataillon d'Afrique qui vient d'envoyer 400 hommes au Tonkin.

Un certain jour, nous avons la bonne fortune de dîner à l'hôtel avec un personnage du désert, le Bachaga des Lharba du Sud, qui se rend aux fêtes que le gouverneur donne chaque année à Alger au mois de mars. C'est un homme superbe, aux yeux bleus, à la peau très blanche, portant une longue barbe rousse dont il paraît prendre un soin tout particulier. Bien qu'il n'ait rien du type arabe, c'est un marabout fort vénéré des gens de l'extrême Sud.

L'indigène des villes ne pratique

guère sa religion tant qu'il est célibataire ; il fréquente peu la mosquée et ne craint pas de goûter à l'absinthe ; une

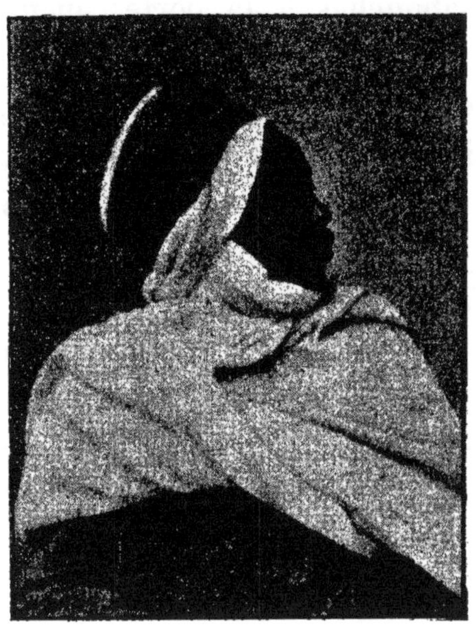

MÉDÉAH. — SPAHI INDIGÈNE

fois marié, il redevient musulman. J'assistai un jour, avec un habitant de Médéah, à l'entrée des croyants dans la mosquée à l'heure de la prière du soir.

Le muezzin venait de jeter aux quatre points cardinaux son cri trois fois quotidien : « La Illa, ila Allah, etc. Les indigènes arrivaient à la file et quittaient leurs babouches à la porte; au milieu d'eux, un beau vieillard, décoré de la croix et de la médaille militaire, se courbait dévotement en·entrant dans le sanctuaire : « Toi aussi, lui dit mon compagnon. » « Mais oui, » fit l'autre en parfait français. C'était un ancien officier de tirailleurs, qui après avoir servi la France·pendant trente ans, vécu à la française, était redevenu un croyant fanatique au moment même où il prenait sa retraite.

Bien que les faits de cette nature ne soient pas isolés, il ne faut pas en exagérer l'importance et la portée. Comme l'a dit M. le sénateur Combes : « On a parlé d'officiers indigènes de nos armées, mêmes de colonels, qui, le temps de leur retraite arrivé, sont pris de la nostalgie du désert et tournent le dos à la civilisation ; et l'on n'a pas été loin de les considérer comme autant de renégats de nos idées et de nos sentiments. C'est mal connaître le cœur de l'homme que de voir une sorte d'apostasie morale dans ce réveil des impressions et des souvenirs de l'enfance. Il y a dans ces impressions et dans ces souvenirs une force irrésistible, qui agit sur nos officiers indigènes exactement comme sur nos officiers français ; c'est cette force qui ramène nos officiers supérieurs et même nos officiers généraux parvenus au terme de leur carrière, dans les lieux qui les ont vus naître, dans des villages de montagne, dans des bourgades perdues, qui n'ont autres charmes pour eux que d'être le pays natal, le pays des premières émotions, des images ineffaçables, mais qui ont le charme inexprimable et mystérieux, aussi puissant sur le cœur des Français que sur celui de l'Arabe. Il n'y a pas là de défaillance intellectuelle ou de révolte morale, il n'y a que la manifestation d'un sentiment naturel, qui ne perd jamais ses droits, l'amour du pays natal. »

En revanche, le marabout de Aïssouas, cette secte d'acrobates que l'on rencontre dans tous les soulèvements, fils de marabout, gardien du tombeau de son père, se grise volontiers et comme un portefaix avec de l'absinthe.

UNE POINTE AU KSAR

DE BOGHARI

Ne pouvant, à cause de la saison peu favorable, aller rapidement jusqu'à Laghouat, je résolus de pousser une pointe à Boghar, situé à 76 kilomètres de Médéah, sur le bord du Chéliff et des Hauts-Plateaux.

Donc un matin à quatre heures et demie, je prenais le courrier qui en dix heures devait m'y transporter. Des marchands de chevaux revenant de la plaine, des fonctionnaires allant en recettes, une troupe lyrique partant gaiement pour Laghouat, endroit où les beautés européennes sont toujours bien reçues, s'empilent avec moi dans la lourde guimbarde. Au jour, nous sommes à Hassen-ben-Ali, vignoble récent et déjà prospère. Nous traversons Ben-Chicao et le territoire très riche des Abid. Puis c'est Berrouaghia (nom arabe de l'asphodèle), avec son pénitencier et son important vignoble ; on me montre au loin la kouba où est suspendu le chapelet d'un saint personnage qui avait nom Si Yahia. Ce terrible champion guerroyait à distance et non sans efficacité ; il lui suffisait de laisser glisser sous ses doigts un grain de son chapelet pour qu'immédiatement l'âme d'un de ses adversaires soit envoyée *ad patres.*

Le territoire où nous sommes en ce moment appartient aux Chorfa, tribu amie qui, sous tous les gouvernements antérieurs, était exempte d'impôts ; un de nos compatriotes, le général Marey-Monge fut le dernier chef qui leur ait accordé cette faveur.

A Aïn-Makhlouf, déjeuner plantureux pour la modique somme de deux francs, et après un arrêt de deux heures, nous

BOGHARI. — OULED-NAÏL

repartons avec des chevaux frais ; nous descendons à grande allure des pentes vertigineuses et, dépassant un ancien camp de zouaves et deux caravansérails, nous arrivons à Boghari. Là, changement de décor ; le Ksour, au pied duquel coule le Chéliff, nous donne un avant-goût du Sahara. Le soir, j'assiste dans son intérieur aux danses des Ouled-Naïl. C'est un spectacle étrange et quelque peu troublant, que celui de ces filles aux opulentes chevelures, dont le ventre exécute les soubresauts les plus inattendus et les plus suggestifs. Elles parcourent ainsi les villes du Sud pour conquérir leur dot, et, rentrées dans leur tribu, sur les hauts plateaux, elles ne tardent pas, grâce à leur or, à trouver les maris désirés.

Boghar est un point stratégique d'une grande importance ; de là on peut surveiller les tribus nomades que leurs troupeaux obligent à suivre les cours d'eau ; c'est par cette porte que les tribus du Sahara accèdent aux pâturages du Tell. A peu de distance le gouverne-

ment avait établi la bergerie modèle de
Moudjebeur, .à l'effet de former des
chefs bergers qui contribueraient à per-
fectionner l'élevage se faisant fort mal
dans les tribus. Mais les jeunes indigènes, en sortant de Moudjebeur, se·
trouvent trop savants pour rester bergers; au lieu de rejoindre leur tribu,
ils s'en vont dans les villes grossir le
nombre déjà grand des *yaouleds* et des
kahouètes; de sorte que l'école n'a plus
guère raison d'être après expérience
faite.

Du haut de la redoute bâtie à sept où
huits cents mètres au-dessus du fleuve,
la vue s'étend sur les steppes du sud et
la région de l'alfa ; là-bas est le pays du
mirage, le désert sans limites.

Notre retour à Médéah se fait sans
incident, sinon que la neige se met à
tomber assez drue pour nous faire
craindre l'arrêt de toute circulation.

EN ROUTE POUR ORAN

Les affaires commerciales de mon compagnon de voyage prenant bonne tournure, le temps était venu de tenir la promesse faite à notre aimable compatriote le capitaine F...

Nous convenons donc de pousser notre voyage jusqu'à Oran, et au retour de visiter Orléansville. Pour la seconde fois nous traversons les gorges de la Chiffa ; la route ne faisant que descendre, notre patache conserve un train d'enfer. A cette heure ultra matinale, les gorges revêtent un aspect fantastique ; des feux follets dansent devant nous, s'éclipsent, reparaissent ; ce sont les lampes des nombreux ouvriers qui se rendent à leurs travaux, les uns pour percer les tunnels, les autres pour établir la voie dont j'ai déjà parlé. Après un arrêt à l'importante auberge du Ruisseau des Singes, à laquelle la nouvelle ligne supprimant les charrois va faire beaucoup de tort, nous arrivons au jour naissant au village de la Chiffa, où nous revoyons, estompés par la brume, les campements pittoresques échelonnés le long de la route. Quelques instants après le train entrait en gare et nous nous y installions en voyageurs qui ont 400 kilomètres à faire, et qui n'arriveront qu'à sept heures du soir.

Ici, dans la Mitidja, la température est plus douce que sur les sommets que nous venons de quitter, et le soleil ne tarde pas à nous ragaillardir. Malheureusement, nous sommes au mois de mars, la saison pluvieuse; cependant nous n'aurons pas trop à nous en

LA CHIFFA

L'AUBERGE DU RUISSEAU DES SINGES

plaindre dans la première partie de notre voyage.

Bientôt, quittant l'immense plaine, nous entrons dans la vallée de l'Oued-

Djer; la ligne est horriblement acciden-
tée; ravins franchis sur de hardis via-
ducs, tunnels sans nombre et démesu-
rément longs, nous font perpétuellement
passer du vertige à l'oppression. C'est
à la station de Bou-Medfa que descendent
les voyageurs à destination du Ham-
man-Rir'a, ce splendide établissement
de bains, perché sur un des contreforts
de la montagne, déjà fréquenté en
l'an 35 de l'ère chrétienne et qui, sous
Tibère, était le rendez-vous des malades
et des patriciens surmenés.

Aux environs de la station de
Vesoul-Benian, colonie fondée par des
Francs-Comtois, nous voyons des fermes,
des attelages et des gens qu'on dirait
importés de la veille par la baguette
magique d'une fée complaisante. Les
cultures sont admirables et les vignes
de toute beauté.

Le tunnel d'Adélia est franchi en

MILIANAH ET LE ZACCAR

sept minutes ; de la plate-forme du
wagon, nous avons un coup d'œil merveilleux : à notre droite, la blanche
Millianah s'étage sur le flanc du Zaccar
au milieu d'une végétation luxuriante ;
devant nous, à perte de vue, la plaine du
Chéliff, bornée au sud-est par le massif
de l'Ouarensenis dont les habitants, les
redoutables Flittas, furent si longtemps
à reconnaître notre autorité.

Au buffet d'Affreville, station qui
dessert Millianah, déjeuner confortable,
arrosé d'un excellent vin du Zaccar, qui
nous rappelle les meilleurs crus de la
côte chalonnaise.

Nous filons rapidement, tandis qu'à
chaque passage à niveau, les femmes
kabyles, aux coiffures énormes, nous
présentent les armes, c'est-à-dire le drapeau signal, avec un sérieux de vieux
briscards. Aux Attafs, se tient ce jour-
là un marché tout près de la station ;

c'est un grouillement de mille, de deux
mille indigènes, gesticulant et braillant
ferme.

Aux environs de l'Oued-Fodda, la
ligne se rapproche de l'Ouarensenis et
des forêts de Téniet-el-Haad où les
cèdres de 1400 ans ne sont pas rares.

Orléansville, dix minutes d'arrêt!
Quelle aubaine! Voilà sur le quai notre
compatriote en grande tenue de service.
Est-ce pour nous qu'il s'est mis ainsi en
frais? Hélas non, c'est pour monsieur le
Médecin-inspecteur que, comme commandant de place, il est chargé de recevoir; mais le grand *toubib* a manqué le
train. Nous avons donc le temps de dire
à notre ami que nous sommes obligés
de passer tout droit, mais qu'au retour
nous lui consacrerons plusieurs jours.
Une chaleureuse poignée de main, et de
nouveau notre course recommence à
travers la plaine sous un soleil de plomb

qui nous oblige à passer la majeure partie du temps à l'ombre sur la plate-
forme du wagon.

Bientôt c'est Relizane, point de bifurcation de la ligne avec celle du Tiaret et
où stationnent de longues files de wagons
à cages chargés d'alfa. Dans la gare
même, une caravane de chameaux, cinq
cents peut-être, est au repos ; de temps en
temps, de cette masse confuse s'élève un
cri indéfinissable de misère ou de dou-
leur, unique langage de ces humbles
serviteurs.

Dans la plaine, les marabouts ou
kouba, ombragés par de vieux oliviers, sont en grand nombre. En fait de
construction, des gourbis primitifs, bâtis
grossièrement, ne s'élevant pas à plus
de 2 mètres du sol, et qui nous sont le
plus souvent cachés par des massifs de
lentisques et de caroubiers.

Le train court follement à travers ces

interminables plaines de l'Habra et du
Sig, dont les seuls points saillants sont
Saint-Denis du Sig et Sainte-Barbe du
Tlélat, situés au milieu de superbes cultures arrosées à l'aide de barrages dont
les principaux sont ceux de l'Habra, de
la Mina et du Sig. Bientôt, nous longeons une énorme dépression paraissant
à sec, qui n'est autre que le Grand
Sebkka ou lac salé. Il occupe une superficie de 32.000 hectares qu'il est, paraît-
il, question d'aménager en culture, cette
surface représentant une valeur d'environ 6 millions de francs. Après un arrêt
très court à Valmy, l'ancien camp du
Figuier, si célèbre dans l'histoire de la
conquête, puis à la Sénia, nous entrons
en gare de Kerguentah-Oran qu'entoure
une ceinture de moulins à vent aux
ailes formidables.

ORAN

MERS-EL-KÉBIR

Sept heures du matin. De ma fenêtre, à l'Hôtel Continental, je découvre la mer, la grande bleue de Guy de Maupassant, qui étincelle au loin ; en face, le vieux fort espagnol de Santa-Cruz, perché au sommet du pic Aïdour, semble doré par le soleil. La ville est déjà pleine de mouvement et de vie ; hâtons-nous de profiter de la belle journée qui s'annonce. Vite une voiture pour nous conduire à Mers-el-Kébir ; la voilà, grâce à la protection d'un aimable petit moricaud qui à notre sortie de l'hôtel nous a gravement tendu sa carte :

MOHAMED FARINA

COMMISSIONNAIRE DE L'HOTEL CONTINENTAL

Au retour, notre ami Farina s'engage à nous faire visiter les quartiers les plus suspects, sans fâcheuses rencontres.

A mesure que nous approchons du port, l'animation redouble ; bientôt, nous le laissons sur notre droite et nous filons sur Mers-el-Kébir, en rasant à gauche une muraille rocheuse haute de cinquante mètres, qui est loin d'être rassurante en cette saison. En effet, nous croisons à chaque instant des équipes de terrassiers, espagnols et marocains, occupés à déblayer d'énormes rocs dégringolés de la montagne. Çà et là, d'autres blocs ont crevé le parapet de la route et plongé dans la mer. Après avoir traversé un tunnel, nous sommes au bain de la Reine, établissement désert en

ORAN. — LA MARINE ET LE FORT SANTA-CRUZ

ce moment, mais très fréquenté pendant la belle saison par les rhumatisants.

La côte devient de plus en plus sauvage ; le silence n'est plus troublé que par le grondement des lames qui se brisent sur les récifs au-dessous de nous. Des tremblements de terre assez fréquents font de cette partie du littoral un séjour peu enchanteur. Le village de Saint-André que nous traversons en a pâti récemment ; ses nombreuses briquetteries sont en partie détruites.

Devant nous est Mers-el-Kébir, perché sur une pointe du Djebel-Santon qui s'avance dans la mer. La baie, très mouvementée lorsque l'escadre vient y jeter l'ancre, n'est animée en ce moment que par les mouettes et les goëlands qui tourbillonnent sur nos têtes en légions innombrables. Sur les flots, la vue est attirée par de larges stries rouges, dues, paraît-il, à des amas d'œufs de poissons.

Les vieilles constructions de la petite ville, battues par le vent du large et grillées du soleil, lui donnent un aspect qu'il est difficile d'oublier. Dominant les guinguettes et les barques de pêcheurs, le vieux fort pris par Danrémont, en 1830, semble encore menaçant. Sur le port, un marin de la flotte, un seul, le sabre au côté, surveille quelques embarcations et un lot d'ancres énormes qu'il nous semble peu utile de garder, vu leur poids.

Au retour, notre voiture est arrêtée par un agent de la ville ; renseignements pris, on va mettre le feu aux mines qui démolissent le fort espagnol de San-Grégorio aussi vieux qu'inutile. Bientôt une série de détonations déchirent l'air sur nos têtes, des éclats de pierre bondissent sur la route à quelques mètres de nous, et.... nous pouvons circuler.

ORAN. — LE PORT

A déjeuner, j'ai pour voisin de table un brave homme de breton, venant en droite ligne de Quimper-Corentin ; le pauvre ne voyage pas pour son plaisir. Il me raconte d'un air navré qu'il est venu dans ces parages à la poursuite d'un débiteur indélicat, qui s'est enfui en lui emportant la forte somme.

Vu les lenteurs de la procédure dans la colonie, je plains sincèrement mon malheureux voisin, mais à part moi, je lui souhaite de perdre la trace du fugitif ; autant de frais d'économisés.

Nous passons le reste de la journée sur cette belle promenade de l'Étang qui domine le port plein d'animation. Il fait une chaleur assez forte ; la verdure de jardins bien entretenus nous entoure. Devant nous, des vapeurs, des balancelles espagnoles entrent ou sortent du port. La mer est parsemée de barques de pêcheurs que leurs blanches voiles font ressembler à d'énormes oiseaux rasant la surface de l'onde. A l'horizon, une bande sombre indique la côte de Carthagène.

Des vendeurs de journaux se répandent à travers la foule ; j'achète l'*Écho d'Oran*, « Cou d'Ouran, » crient les petits vendeurs indigènes, qui m'apprend qu'une recrudescence de froid a lieu en ce moment en France, et qu'en Bourgogne le thermomètre est descendu jusqu'à 14° au-dessous de zéro.

ORAN

A part Mers-el-Kébir, les environs
d'Oran n'ayant rien d'intéressant, nous
convenons, mon ami et moi, que nous
consacrerons encore une journée à la
ville, avant d'aller rejoindre notre compatriote le capitaine. Avec notre fidèle
Mohamed Farina, qui nous précède gravement, nous visitons le Château-Neuf
dont les trois grosses tours furent, dit-
on, bâties par les Vénitiens pour sauve-
garder les intérêts de leurs navigateurs
au moyen âge. Ces bâtiments immenses
abritent non seulement nos troupes,
mais encore une grande partie des ser-

vices militaires; c'est aussi la résidence du général commandant la division.

Nous admirons la mosquée de la rue Philippe, la mosquée du Pacha, bâtie avec la rançon des esclaves chrétiens, son svelte minaret et son immense voûte soutenue par des colonnes trapues et accouplées.

Nous parcourons le village nègre, où nous reviendrons le soir assister à ses spectacles divers, ses larges rues bordées de constructions basses et informes, et nous rentrons pour déjeuner. La ville présente à cette heure son maximum d'activité ; les rues sont bondées ; on y coudoie les juifs au bonnet noir, toujours pressés, qui fendent la foule sans même y jeter un regard, tellement leurs affaires les absorbent ; les juives à l'éclatante beauté qui, dans la classe riche, ne sortent que vêtues de soie et d'or ; les espagnols, anciens maîtres du

ORAN. — KERGUENTAH

pays, drapés dans leurs haillons et con-
servant malgré cela l'attitude fière des
nobles hildagos. Des maures, des arabes
et des marocains circulent sans trop
s'offusquer des roumis qui les frôlent
au passage ; enfin, nos braves militaires,
zouaves, turcos, chasseurs et spahis, dont
les costumes chatoyants sous le soleil
intense, charment agréablement l'œil.

Nous consacrons notre après-midi à
l'escalade du Moudjadjo sur lequel
s'élève le fort de Santa-Cruz, dont la
situation dominante nous attire depuis
notre arrivée.

Sortis par la porte d'El-Santo, nous
montons par un sentier escarpé bordé
de trous, où toute une population de
chiffonniers loge à la façon des troglo-
dytes. Cette population, en partie composée d'espagnols, vit au milieu des
détritus de la ville, dans une saleté
et une promiscuité révoltantes. Nous

avons peine à nous débarrasser des nombreux enfants qui, poussés par leurs parents, nous accablent de leurs prières et de leurs lamentations.

Bientôt, nous longeons les restes du fort San-Grégorio où la mine continue son œuvre de destruction, et passant devant une tour surmontée de la statue de la Vierge, fidèle reproduction de celle de Fourvière à Lyon, nous arrivons devant le fort Santa-Cruz où notre qualité de Français nous donne facilement accès. Ce fort, placé sur un pic, à quatre cents mètres au-dessus du niveau de la mer, porte encore le nom d'un gouverneur espagnol, Don Alvarez de Bazan y Sylva, marquis de Santa-Cruz, qui le fit construire en 1700 environ. Rasé, lorsqu'il tomba en la possession des Maures, il fut reconstruit par nous en 1860. Nous demandons au gardien l'accès des terrasses ; il nous fait passer

par une succession de voûtes sous lesquelles nous sentons une fraîcheur
sépulcrale tomber sur nos épaules, et
bientôt, par une suite de plans inclinés,
nous atteignons les batteries.

L'atmosphère est d'une pureté absolue
et notre regard s'étend à l'infini : Oran
et son golfe sont à nos pieds; au sud,
le grand Sebkka ou Lac Salé ; à l'ouest,
Mers-el-Kébir et à l'horizon une bande
sombre et indécise que notre guide dit
être la côte espagnole entre Alméria et
Carthagène. En effet, c'est de ce point,
élevé qu'à l'aide de la triangulation
optique les géologues ont pu relier la
carte d'Europe à celle d'Afrique.

L'heure s'avançant, nous descendons
et nous entrons dans l'ombre, tandis
que le soleil couchant colore encore
d'une teinte pourprée les sommets que
nous venons de quitter.

Le soir, accompagnés de notre fidèle

Farina, nous visitons les nombreux spectacles en plein vent du village nègre, et nous faisons une dernière station dans une cour intérieure où un conteur arabe, avec une verve inépuisable, raconte les exploits de ses aïeux. Bien que nous n'ayons pas compris un traître mot de son interminable discours, nous croyons devoir récompenser par quelques menues monnaies l'hospitalité et le kahoua qui nous furent généreusement offerts. En tombant sur le tapis, nos piécettes blanches provoquent des « *you, you* » sans fin de la part des *moukères*, perchées sur les terrasses et dont, vu l'obscurité, nous ne soupçonnions même pas la présence.

ORLÉANSVILLE

Le lendemain, à la première heure,
nous quittions cette vieille cité d'Oran
que le cardinal Ximenès, ce Richelieu
espagnol, avait asservi à sa patrie pendant 280 ans.

Nous roulons sur le chemin déjà par-
couru, et, après avoir franchi les
200 kilomètres qui nous séparent
d'Orléansville, nous serrons avec effu-
sion la main du capitaine F... qui nous
attend avec sa voiture. Bientôt nous
arrivons à la résidence de l'artillerie, et
nous sommes reçus par l'aimable com-
pagne du capitaine qui a développé tous

ses talents culinaires pour nous recevoir.

La salle à manger donne de plein-pied sur un jardin, où deux gentilles gazelles prennent leurs ébats. Ces charmantes bêtes viennent à chaque instant autour de la table manger dans la main des personnes qu'elles connaissent; quant à nous, il nous est impossible de les toucher ; au premier mouvement fait dans ce but, elles filent comme une flèche en faisant entendre une sorte de sifflement.

Après une longue causerie, le capitaine nous conduit au cercle militaire dont il est président, et qui est placé dans une situation agréable sur les bords du Chéliff. MM. les officiers nous font le plus charmant accueil ; en sortant, nous croisons un superbe vieillard à longue barbe blanche, portant la croix de commandeur, qui n'est autre que Bou-

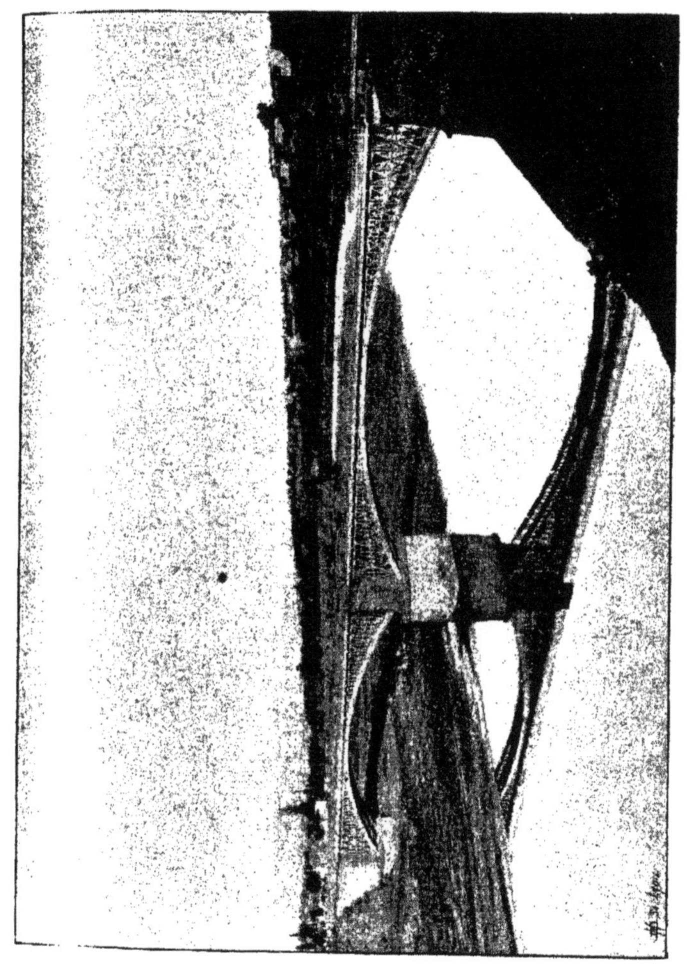

ORLÉANSVILLE ET LE PONT DU CHÉLIFF

Henni, chef très vénéré dans la contrée. En 1871, avec l'agha Mohamed, mort récemment, il empêcha les montagnards de l'Ouarensenis de se soulever en masse. Présentés par le capitaine, nous saluons ce vieil et constant ami de la France, qui jamais ne faillit à la parole donnée.

La ville est entourée de belles plantations créées par le génie militaire, et qui la garantissent des vents brûlants du sud ; auparavant elle était inhabitable pendant l'été. Cependant on rencontre à chaque pas des vestiges romains, entre autre une mosaïque de 25 mètres de long sur 15 mètres de large sur l'emplacement d'une église chrétienne, élevée en l'honneur de saint Réparatus. A l'hôpital, établissement immense, qui, à ce moment, n'est occupé que par trois turcos ayant échangé le fier turban contre la coiffure pacifique chère au roi d'Yvetot, nous avons admiré une autre mosaïque très bien conservée.

Le capitaine nous fait tout un programme pour le lendemain et les jours suivants. Mais, malgré la tentation de ces projets, surtout celui d'une excursion à dos de mulets dans l'Ouarensenis et chez les Flittas, nous n'osons nous engager car le temps a sérieusement l'air de changer. De lourds nuages bas et noirs, entraînés par le vent du sud, passent sur la ville. Pendant la nuit entière la pluie ne cesse de tomber, accompagnée d'un violent orage. A chaque instant, je m'attends à voir entrer par la fenêtre, dans ma chambre, les caroubiers de la place. Les ais de la vieille bâtisse se plaignent sous chaque nouvel effort de la tempête. Pour comble, le châssis de mon lit, atteint d'une profonde vétusté, s'effondre au milieu de la nuit, et me voilà campant, la tête en bas, les pieds en l'air. J'essaye en vain d'allumer une bougie, mais le vent pénétrant par la fenêtre et la porte mal jointes, fait échouer toutes mes tentatives. J'en suis réduit à réparer dans l'ombre, tant bien que mal, le dégât, et je passe le reste de la nuit dans une assez triste situation, rêvant que la bâtisse est emportée par la tempête et que nous tourbillonnons dans l'espace, sans direction, pour une destination inconnue, tel un navire désemparé. Enfin, le jour paraît et avec lui le capitaine qui vient s'enquérir de la façon dont nous avons passé la nuit. A la vue de mon campement il est pris d'un fou rire que je partage du reste franchement. Mais ce temps affreux vint mettre décidément nos projets à néant. Craignant de ne pouvoir rentrer à Médéah, par suite des inondations probables, mon compagnon me presse de partir le jour même. Malgré les sollicitations pressantes de notre ami, nous prenons le train et fort heureusement pour nous, car quelques jours après la circulation était interrompue sur plusieurs points de la ligne.

En gare de la Chiffa, où nous arrivons avec un assez long retard, nouveau contretemps ; la diligence de Médéah est partie. Comme nous remontions dans le train pour aller passer la nuit à Blidah, un hôtelier vint nous proposer de nous conduire, se faisant fort de rejoindre la diligence pendant son arrêt au Ruisseau des Singes. Deux heures après, en effet, nous pouvons nous installer dans l'intérieur de la patache où une agréable surprise nous attendait.

Au récit de nos épreuves, un aimable vieillard qui nous faisait. face nous demanda si nous n'étions pas bourguignons, comme il le supposait à notre accent. Lui-même était d'Arnay-le-Duc, mais il habitait Alger depuis 1865. Connaissance fut vite faite, nous causâmes joyeusement du pays et nous arrivâmes à Médéah sans trouver le temps long.

A notre hôtel, nous sommes heureux de retrouver nos chambres et nos bagages, mais notre joie est de courte durée; la neige se met à tomber à gros flocons; nous ne sommes plus en Afrique mais en Sibérie. Il nous faut déguerpir.

RETOUR A ALGER

Je pars seul en avant-garde pour Alger où mon camarade me rejoindra, ses affaires terminées. A la Mitidja, le soleil reparaît et réchauffe mon enthousiasme, que le séjour des montagnes avait singulièrement refroidi.

Je me retrouvais donc enfin dans le mouvement et la vie ; après avoir fait choix d'un hôtel paisible à l'abri des arrivages et des départs bruyants, je commençai mes pérégrinations. Je dus renoncer de suite à l'espoir de faire de longues courses dans la campagne, les cochers s'offrant à me conduire à des prix qui font tressaillir ma modeste bourse dans les profondeurs de ma poche. Mais, comme tout nouvel arrivant, je dus subir les offres de service des trop nombreux *yaouleds*, qui, vingt fois par jour, veulent me cirer et rendre ma chaussure : « kif, kif la glace di Paris. »

J'avais à me défendre également contre les offres des innombrables Mzabis, constamment à la piste des étrangers, pour leur offrir à des prix fous, des tapis ou des burnous, soi-disant tissés par les femmes du Djebel-Amour, mais en réalité fabriqués à Paris.

Chaque jour, je me lance à travers les dédales de la ville arabe, si tranquille le jour, si bruyante le soir ; je m'arrête longuement devant les curiosités de la rue Bab-Azoun ; les échoppes d'où les vieux juifs, avec leurs profils de rapaces, semblent guetter leurs proies, et qui contrastent singulièrement avec les magasins européens situés en face et

ALGER. — LA VILLE ARABE

dont les étalages sont des merveilles de goût. Cette rue est des plus fréquentées : j'y croise les aghas et les caïds aux costumes éclatants, venus des points

les plus éloignés de la colonie pour
assister à la grande fête annuelle de
M. le Gouverneur, et qui, heureux de
se rencontrer, se donnent l'acco-
lade, avec des salamalecks sans fin; les
officiers et les matelots d'un navire de
guerre anglais ancré dans le port; des
colons au large chapeau de feutre, aux
hautes bottes, aux vestes flottantes
venant s'approvisionner.

Souvent, je suis des yeux la mauresque voilée, aux longs yeux troublants,
dont le large pantalon bouffant se termine aux chevilles par d'énormes bracelets. Voyant qu'on la regarde, elle s'arrête complaisamment aux étalages; puis
vous dépasse jouant des prunelles, traverse la place du Gouvernement, prend
la rue Bab-el-Oued et s'engage enfin
dans une rue en escaliers, jetant en
arrière un dernier regard. On peut
s'abandonner au rêve et à l'invitation

discrète si l'on ne craint pas trop les rencontres fâcheuses.

A l'heure où le pavillon des trans-

MAURESQUE D'ALGER

atlantiques flottant sur le phare du Pënon indique que le courrier de France est en vue, je me rends au débarcadère. Les pauvres passagers ont des visages décomposés, tellement la traversée est dure en cette saison ; plusieurs courriers ont dû, me dit-on, se réfugier dans le port de Rosas en Espagne.

Au coin de la caserne Kerr-ed-din, les vagues montent à plus de vingt mètres de hauteur, couvrant d'écume les voyageurs du tramway qui se rend à Saint-Eugène par le boulevard des Palmiers. Le jetée de sept cents mètres, merveilleux travail des Compagnies de discipline, et lieu de promenade très fréquenté, disparaît par moment sous les lames et reste inabordable. Cette mer en furie est loin de me rassurer sur la traversée du retour ; aussi, suis-je d'avis d'attendre des jours meilleurs.

ALGER

LE MARCHÉ AUX POISSONS. — LE JARDIN
D'ESSAI.

Une des curiosités d'Alger, c'est le
marché aux poissons qui se tient tous
les matins dans le vaste local aménagé
sous les voûtes mêmes du boulevard de
la République. Pêcheurs, marchands et
clients, criant, gesticulant, s'interpel-
lant dans leurs jargons divers font un
tapage infernal. Sur les étals où l'eau
coule constamment sont rangés côte à
côte les poissons aux formes les plus
étranges ; comme dit Richepin dans « *la
Mer* » :

> C'est la sole en ellipse,
> Le chabot monstrueux, bête d'Apocalypse.
> Le grondin, dont le chef carré fait un marteau;
> Le bar au gabarit, modèle du bateau;
> Le homard qui cisaille et le crabe qui fauche;
> La limande, yeux à droite et la barbue à gauche;
> L'oursin en hérisson et le congre en serpent;
> La raie avec sa queue épineuse qui pend,
> Et ses nageoires dont les rhythmiques détentes
> A la large envergure ont l'air d'ailes battantes.
> D'autres, d'autres encore!

Gros et menu fretin est enlevé lestement et chaque jour remplacé, grâce à ces petits hommes secs et nerveux, au cuir tanné par l'embrun, mahonnais ou maltais, que je vois sur le quai, l'orteil du pied gauche passé dans une maille, en train de raccommoder, en plein soleil, des hectomètres de filets.

Au jardin d'Essai du Hamma, cette merveille, je fis la rencontre, au cours d'une de ses rares promenades, car il refuse presque de sortir, de l'ex-roi d'Annam exilé à Alger. Ce petit roi de l'Extrême-Orient conserve dans son

exil un caractère de grandeur peu commune. Un jour que le gouverneur lui
avait envoyé par un officier de sa mai-

ALGER. — LE BOULEVARD DE LA RÉPUBLIQUE
ET LA MOSQUÉE DE LA PÊCHERIE

son une superbe montre, le royal anna-
mite après l'avoir examinée longuement,
la rendit en disant : « Un prisonnier
n'a pas besoin de connaître l'heure,
sinon celle de la délivrance. » Et d'un

long regard il embrassait la pleine mer qui scintillait devant sa résidence.

Le Hamma ou Jardin d'Essai est un exemple remarquable des conquêtes que l'homme peut réaliser sur la nature. D'un marécage inabordable, la science et la patience humaines secondées par un climat merveilleux ont fait un véritable Eden. On s'extasie devant ces allées de bambous venus de l'Extrême-Orient, qui montent à 25 mètres de hauteur; de platanes qui forment au-dessus de nos têtes une voûte des plus majestueuses; de dattiers, de sycomores et de magnolias. A côté, des pépinières soigneusement entretenues groupent toutes les plantes utiles ou d'agrément que peut rêver un horticulteur.

Nos savants ne se sont pas bornés à cette œuvre d'acclimatation du règne végétal : dans un parc réservé, ils ont su résoudre le problème de la reproduc-

ALGER. — ALLÉE DES PALMIERS AU JARDIN D'ESSAI

tion de l'autruche aux mœurs jusqu'alors ignorées, et dont les plumes
sont si recherchées par nos élégantes ;
des résultats fort satisfaisants ont été
aussi obtenus en ce qui concerne les
zèbres, les lamas du Pérou et les
gazelles.

Après quelques instants de repos au
café des Platanes, vieil établissement
construit en style maure, à l'ombre de
platanes géants, je reviens par le champ
de manœuvre, lieu habituel des courses
et des fantasias, et par le fort Bab-Azoun,
sur les terrasses duquel j'aperçois
les silhouettes mélancoliques de deux
touaregs, prisonniers depuis quelque
temps, vrais types d'écumeurs du
désert, en proie à la nostalgie des
espaces.

LA TRAPPE DE STAOUËLI

Par une splendide matinée de mars, je me résignai à subir les exigences fantastiques des loueurs de voitures algériens et je poussai ma promenade jusqu'au couvent de la trappe de Staouëli, si connu par son superbe agencement. Mon conducteur, un compatriote de Crispi dont il a, sinon l'astuce, du moins les énormes moustaches, me fit traverser de nouveau la Kasba, passer en vue du fort Lempereur où l'on envoie aujourd'hui en villégiature forcée les officiers coupables de faute graves, mais où le dey faisait autrefois élever des légions de paons. Au Bou-Zaéra, d'où l'on domine tout le Sahel algérien; la route monte et descend à travers des haies d'aloès et de cactus qui bordent des champs parfaitement cultivés.

De Cheraga, je découvre tout le littoral avec ses vignobles en pleine prospérité et ses villages de Zéralda, Fouka et Castiglione.

Du bout de son fouet, mon conducteur me montre, sur notre droite, les toits du couvent : nous y voici; tandis que l'attelage est remisé à l'auberge d'en face, je demande au concierge, qui me l'octroie immédiatement, la permission de visiter l'austère demeure.

Treize ans après l'occupation, c'est-à-dire en 1843, quarante trappistes, munis d'une donation d'un millier d'hectares, sur l'emplacement de la bataille de Staouëli, se présentaient au général Bugeaud alors gouverneur. Celui-ci, sachant par expérience combien cette

terre vierge disposée à tout donner si
on la remuait, exigeait aussi, comme le
Minotaure antique, un tribu de vies
humaines, était peu partisan des
colons célibataires et, en rude soldat, il
les accueillit très froidement : « C'est
vous les trappistes annoncés, leur dit-il ;
ceux qui vous envoient sont-ils bien
sûrs que ce soient des célibataires qu'il
faut pour coloniser l'Algérie ; les fai-
seurs de miracles ne réussissent guère
ici, mais je suis soldat, j'obéirai et je
vous aiderai. » Malgré cette réception,
ce discours qui n'avait rien d'engageant,
les nouveaux venus se mirent courageu-
sement à l'œuvre et gagnèrent quelques
parcelles de terrain sur les palmiers
nains, les lentisques et les myrtes sauvages, seule végétation du maquis. En
trois mois, 12 payèrent de leur vie ces
premiers efforts ; mais trois ou quatre
ans après ils étaient 120, et grâce à leur

ténacité, Staouëli est devenu la plus belle propriété de l'Algérie.

Mon guide, un frère lai avec lequel je puis causer, car les Pères observent le silence absolu, me montre en détail cet immense domaine dont 500 hectares sont complantés en vignes, 15 hectares en géraniums, dont on extrait l'essence. Les religieux, au nombre de 110, vivent uniquement de légumes cuits à l'eau et couchent habillés de leurs robes de bure sur une seule paillasse, comme je puis le constater en visitant les cellules. L'abbaye comprend en outre 60 domestiques, 400 travailleurs libres et 200 défricheurs. Les étables propres et bien aérées contiennent 35 à 40 paires de bœufs, des chevaux, 400 moutons. 500 ruches sont rangées à proximité des jardins en fleurs ; les bâtiments occupent un emplacement de 50 hectares entièrement clos de murs.

LA TRAPPE DE STAOUËLI

Nous terminons notre visite par le cimetière déjà rempli de croix sans noms et sans dates. Parmi les inscriptions qui couvrent les murs du cloître, je rencontre celle-ci : « S'il est triste de vivre à la Trappe, qu'il est doux d'y mourir ! » Je ne me sens pas pour le moment la dose de philosophie suffisante pour profiter de cette sentence ; aussi est-ce avec un véritable soupir de soulagement que je repassai ce seuil au delà duquel règne le silence absolu et éternel, où les désabusés de la vie sont venus chercher un asile.

M. Laroche, résident général à Madagascar et ancien préfet d'Alger, se souvenant des trappistes de Staouëli et de la colonie qu'ils ont fondée, vient de leur adresser un pressant appel. Il leur promet son appui et de vastes domaines dans la grande île africaine que nos vaillants soldats viennent de conquérir.

Puissent-ils, indifférents aux criailleries des socialistes, répondre à cet appel et mettre en valeur cette terre lointaine si chèrement payée ! Surtout qu'on ne s'avise pas d'y renouveler l'expérience collectiviste du maréchal Bugeaud. Grand partisan des colonies militaires, le maréchal avait attribué à un bataillon une grande étendue de terrain. Les 5/6 du sol ainsi affecté devaient être cultivés en commun ; le dernier sixième avait été divisé en lots dont chacun avait été concédé en toute propriété à un colon.

Quelque temps après, le maréchal visitant la colonie constata que le sixième divisé en lots particuliers avait produit le double des 5/6 cultivés en commun. Comme, à juste titre, il s'étonnait de ce résultat, un vieux grognard prit la parole : « Pardon, mon maréchal, voici la chose : nous avons parmi nous des fainéants, et comme ils gagnent autant que nous, nous nous sommes tous faits fainéants. »

Était-ce assez naturel ?

Je reviens le long du littoral, par Guyotville, un des plus coquets villages de l'Algérie ; je longe le cap Caxine avec son phare superbe et la pointe Pescade d'où l'on aperçoit Alger se découpant vigoureusement sur le vert sombre du Bou-Zaréa. Plus loin, Saint-Eugène apparaît avec ses villas, ses restaurants et ses guinguettes dont les pieds baignent dans la mer. Dans le cimetière européen la place d'honneur face à l'entrée est occupée par le monu-ment en pierre de Cassis, du général Yusuf, ce soldat de fortune, sans natio-nalité bien précise, mais qui fut un fidèle serviteur de la France.

Je rentre à Alger par la rue Bab-el-Oued ; à la fenêtre d'une feuille révolu-tionnaire est arboré un large drapeau rouge ; nous sommes au 18 Mars, c'est l'anniversaire de la Commune, et l'autorité qui est à deux pas ne semble pas s'en émouvoir. Elle ne se préoccupe guère plus des organes qui prêchent chaque jour la séparation de la colonie avec la mère-patrie. Est-ce un bien, est-ce un mal ? « *That is the question,* » dirait Hamlet. Et cependant notre regretté Burdeau a dit : « Le jour où l'Algérie aura son autonomie, la France aura dans la Méditerranée un ennemi de plus. »

Tout en faisant ces réflexions un peu tristes, j'admire cette splendide fin du jour. A cette heure, le soleil resplendissant dans un ciel sans nuages, diamante de mille feux l'azur de la mer, et dore de ses derniers rayons les cimes de la Kabylie.

DÉPART POUR CONSTANTINE

Mon ami Georges m'ayant rejoint, nous filons un beau matin sur Constantine. Nous quittons la Mitidja à la Reghaïa, où nous pouvons admirer de splendides vignobles créés par nos compatriotes de la région chalonnaise. A Ménerville, nous laissons sur notre gauche le chemin de fer de Tizi-Ouzou, et nous filons à toute vapeur dans la vallée de l'Isser. Nous approchons des gorges de Palestro, qui avec celles de la Chiffa et du Chabet-el-Akra comptent parmi les sites les plus sauvages de l'Algérie.

La ligne ne franchit un viaduc que pour s'enfoncer dans un tunnel et *vice versa;* les difficultés qu'a dû surmonter la Compagnie de l'Est algérien ne peuvent s'imaginer. Au cinquième tunnel, une surprise : le train s'arrête au milieu d'une obscurité profonde. Qu'arrive-il ? demandent anxieusement les voyageurs prompts à s'effarer. « Descendez avec vos bagages », répondent des agents qui circulent munis de lanternes, il y a transbordement. Pourquoi? nous l'ignorons mais bientôt nous serons fixés.

Nous voilà pied à terre, mais le tunnel est si étroit que nous avons peine à passer entre les voitures et la paroi. Des gouttières nous inondent ; pour comble, une nuée de kabyles, aux cris gutturaux, veulent s'emparer à toute force de nos bagages ; de crainte de mésaventure, nous les défendons comme nous pouvons et nous sortons enfin des ténèbres.

La sortie du tunnel est complètement obstruée par un éboulement de terre, de rocailles et d'arbustes, provoqué par les pluies qui ne cessent de tomber ; des blocs énormes semblent tout près de prendre le même chemin. Nous nous hâtons de traverser ce chaos pour gagner le train qui nous attend. Il faut une heure pour achever le transbordement des marchandises, et pendant ce temps nous pouvons contempler à loisir les splendides horreurs des gorges de Palestro. L'Isser bouillonne à cinquante mètres en contrebas ; de l'autre côté, la route disparaît sous un tunnel creusé dans un massif rocheux aux arêtes tranchantes. Une troupe d'arabes conducteurs de bourriquets, les voyageurs d'une diligence arrêtée, nous regardent

curieusement sur l'autre bord ; sur nos
têtes, à 150 mètres de hauteur, une
bande de singes, par esprit d'imitation,
transbordent eux aussi des cailloux qui
roulent à nos pieds. Çà et là, de menues
cascades, des cactus, des arbrisseaux
verts reposent l'œil dans ce morne
désert.

Enfin la locomotive siffle et nous partons, mais pour nous arrêter presque
aussitôt à la station de Palestro. Fondé
par les travailleurs qui ouvrirent la route
des gorges de l'Isser, ce village commen-
çait à prospérer lorsqu'éclata l'insurrection de 1871. Cette insurrection, que,
comme tant d'autres, on aurait pu s'éviter, eut pour point de départ une querelle
entre un fonctionnaire militaire et un
chef tout-puissant parmi les populations
du Djurjura ; j'ai nommé El-Mokrani.

Ce Mokrani se disait descendant d'un

A travers l'Algérie.

10

Montmorency, qui, fait prisonnier pendant une croisade, embrassa la religion musulmane. Il se faisait toujours accompagner d'un étendard fleurdelisé d'or. Un jour, il vint réclamer auprès de l'administrateur en faveur d'un des siens, qui, à la suite d'un délit, avait été condamné à la bastonnade; devant son insistance, jointe à une certaine arrogance, l'administrateur le menaça de lui faire subir le même sort. Il sortit furieux, attacha à la queue de son cheval le grand cordon que lui avait octroyé Napoléon III pendant une visite à Compiègne, et stimulés peut-être par une influence étrangère, son ascendant et son courage entraînèrent ses coreligionnaires. Maintes fois, on le vit affronter les feux de peloton de nos soldats; monté sur un cheval superbe, vêtu du burnous noir, emblème de sa puissance religieuse, il affectait un tel mépris des

balles que les kabyles étaient persua-
dés qu'elles ne pouvaient le toucher.
Enfin il fut pris et envoyé à Cayenne où
il est encore. Il fut même récemment
question de le rapatrier, sur la
demande du duc d'Aumale.

Le village de Palestro, dont le marché
de plus en plus important gênait les
transactions des kabyles, fut un des
premiers à ressentir les effets de l'insurrection. Attaqués par les indigènes des
montagnes voisines, ses habitants se
retranchèrent dans l'église et se défendirent vaillamment, mais à bout de
munitions et de vivres, ils furent obligés de se rendre. Soixante d'entre eux
furent massacrés sur place, et quand la
colonne du colonel Fourchault arriva à
leur secours, Palestro n'était plus qu'un
monceau de cendres sur lequel gisaient
des cadavres à demi dévorés par les chacals et les hyènes. Aujourd'hui, le vil-

lage est complètement rebâti et compte plus d'habitants qu'auparavant.

Non loin de là, s'élève à mille mètres

SOMMETS DU DJURJURA

de hauteur la cime du Tigremoun que l'on aperçoit d'Alger et dont les contreforts furent le théâtre des sanglantes expéditions d'Areski et d'Abdoun, ces chefs de çofs qui viennent de payer de leur tête, sur la place d'Azazga, leurs cruautés et leurs rapines.

En quittant Palestro, le train s'engage sous une série de tunnels dans les intervalles desquels nous voyons de fort belles plantations de vignes. A Bouira, nous entrons dans la vallée de l'Oued-Sahel, et sur notre gauche se dressent les hautes cimes du Djurdjura qui nous accompagneront jusqu'aux Beni-Mansour. Le pic de Lella-Kredidja (2.300 mètres), dont le sommet est couvert d'une neige éclatante, dépasse tous les autres; pendant cinquante kilomètres, nous le verrons aussi nettement sans qu'il change de forme à nos yeux.

Dans le site grandiose qui nous entoure se détachent trois collines portant chacune à leur sommet un village kabyle dont l'effet est des plus pittoresques; nous sommes aux Beni-Mansour dont le bordj nous apparaît sur une autre colline au moment où nous entrons en gare.

En 1871, ce bordj était occupé par des mobilisés qui, bloqués pendant deux mois par les bandes d'El-Mokrani, furent trouvés par les colonnes expéditionnaires dans une situation des plus lamentables.

Au delà de la gare, nous laissons à gauche l'embranchement qui se dirige sur Bougie, en suivant la vallée du Sahel. Il pleut toujours à torrent, et à chaque instant un service de pilotage est établi sur la voie pour assurer le passage des trains. Des équipes de kabyles sont occupées à déblayer les terres glaises qui, glissant sans cesse, menacent d'obstruer la voie; en maints endroits, les marchepieds des wagons disparaissent dans la boue liquide.

L'horizon se resserre; nous approchons des Bibans et des Portes de fer.

De la station des Bibans, nous pouvons voir de hautes montagnes dénudées qui se dressent en murailles devant nous; d'énormes rochers affectent les formes les plus bizarres; l'un deux figure un moine coiffé de son capuchon, quelque chose comme la forme hiératique d'un Gorenflot ou d'un frère Jehan des Entommeurs gigantesque. Nous passons par la plus grande des portes, formée par des roches verticales au pied desquelles coule l'Oued-Mecklhou.

A trois kilomètres de là est la petite porte par laquelle passa l'armée française. C'est en 1828 que 3.000 braves, partis de Stora sur la côte, et sous la conduite du duc d'Orléans, forcèrent ces défilés redoutés qui n'avaient jamais été franchis par les légions romaines. En voyant ces lieux sauvages, on ne peut s'empêcher de songer aux misères de nos soldats, obligés de se diriger à travers un pays privé de routes, au milieu de populations fanatiques embusquées derrière chaque rocher et les fusillant presque à coup sûr. Honneur à ces braves !

Maintenant le train court à travers les plaines de la Messana, au centre desquelles nous allons trouver Bordj-Bou-Aréridj.

A la nuit tombante, nous arrivons à Bordj-Bou-Aréridj. Construit au milieu d'immenses plaines où depuis longtemps on projette d'établir un grand nombre de villages, entre les monts du Hodna et la chaîne des Bibans, c'est un centre et un point d'arrêt pour les voyageurs qui se dirigent sur Bou-Saada et le pays de Djelfa. En 1871, le bordj était occupé par les mobiles des Bouches-du-Rhône, qui eurent à soutenir les attaques réitérées des populations révoltées. Ils furent enfin délivrés par la colonne expéditionnaire du colonel Bouvalet dont faisait partie mon ami Georges comme mobilisé de la Côte-d'Or. Aussi, n'est-ce pas sans émotion qu'à plus de vingt ans d'intervalle il revoit cette contrée qui lui rappelle bien des fatigues et des dangers, et la mort d'un certain nombre de ses frères d'armes. Deux heures après, nous arrivons à Sétif où nous avons le temps de dîner au buffet.

A table, j'ai pour vis-à-vis un superbe cheick dont le ruban rouge se détache éclatant sur le haïck blanc. C'est un chef fin de siècle qui revient de la fête du gouverneur et qui, sans se soucier des défenses du Coran, ingurgite force rasade d'un vin de Kabylie corsé en diable. S'apercevant que je l'observe et devinant mes réflexions, il se contente de sourire et continue de vider son flacon sans montrer le moindre signe de remords ou de repentir. Peut-être mur-

mure-t-il tout bas, comme un simple roumi, le verset de l'Écriture sainte :

Bonum vinum lætificat cor hominis.

C'est un commencement de conversion auquel il ne faudrait pas trop se fier.

VIEILLE FEMME KABYLE

CONSTANTINE

Au matin, courbaturés et grelottants,
nous arrivons dans l'ancienne capitale
d'Ahmed-Bey. Après un repos bien
gagné par vingt heures de chemin de fer,
nous commençons nos tournées par la
ville et chaque pas que nous faisons nous
rappelle la bravoure de nos soldats. Nous
reportant à cinquante ans en arrière,
nous revoyons ce petit corps d'armée
qui, parti de Bône au mois de novembre
1836, vint, au milieu de difficultés et de
souffrances inouïes, mettre le siège
devant ce repaire de vautours. Décimé
par la maladie et les éléments, il fut

obligé de lever le siège, mais sa retraite fut vraiment héroïque. Chargé de l'arrière-garde, notre compatriote Changarnier, alors chef de bataillon au 2e léger, sauva l'armée en barrant la route à une cavalerie innombrable qui, avec une audace inouïe, venait couper la tête de nos soldats jusque dans les rangs. Ces atrocités demandaient une prompte vengeance ; on revint en 1837 ; voici, au-dessus de la gare, la colline de Mansourah où s'établirent nos troupes ; celle de Koudiat-Aty où fut frappé mortellement le général en chef Danrémont. Le lendemain de sa mort, 13 octobre 1837, l'assaut fut donné ; les assiégés se défendirent avec l'énergie du désespoir et la lutte se poursuivit horrible dans les rues.

Le palais d'Ahmed-Bey, qu'il n'habita que quelques mois, rappelle les palais féeriques des Mille et une nuits ; il est

CONSTANTINE

actuellement la demeure du général commandant la subdivision. C'est dans cette résidence que les Français trou-

CONSTANTINE. — CHUTES DU ROUMEL

vèrent enfermées les 300 femmes du pacha, femmes de tous les âges et de toutes les couleurs, qui, à leur vue, poussèrent d'affreux hurlements, comme durent en pousser les femmes de Babylone à la vue des soldats de Cyrus. Mises en liberté, elles devinrent la proie de leurs coreligionnaires.

Du haut de la Kasbah perchée au-dessus d'une falaise à pic de 300 mètres de hauteur, on comprend mieux ce qu'un faiseur de dictons a pu dire aux habitants de Constantine : « Les corbeaux fientent ordinairement sur les gens, tandis que c'est vous qui fientez sur les corbeaux. »

Les chutes du Roumel, grossies par les pluies, sont en ce moment d'un effet saisissant : le torrent sort impétueusement du lit qu'il s'est creusé dans le roc, au milieu d'un nuage d'eau volatilisée, et se précipite dans le vide, à plus de cinquante mètres, avec le fracas du tonnerre. Les eaux sont boueuses et le bruit de la chute empêche d'entendre la voix à deux pas. Devant nous s'élève à pic une falaise de 300 mètres ; c'est là que les derniers défenseurs de la ville essayèrent de se sauver à l'aide de cordes ; mais le poids des corps les fit rompre et les grappes humaines vinrent s'écraser dans le ravin.

Au retour, nous croisons un enterrement arabe ; les assistants poussent des cris qui n'ont rien d'humain, et le corps enveloppé dans une toile est ballotté d'une façon inquiétante par ses porteurs qui se relayent à chaque instant. Sur les ruines bistrées du fort perché au sommet du Koudiat-Aty, une teinte bleue attire nos regards : intrigués nous nous approchons ; ce n'est qu'une immense affiche vantant les propriétés mirifiques d'un chocolat connu ; ceci pour indiquer les audaces de la réclame.

La pluie, qui ne nous quitte pas, nous fait nous réfugier dans un des superbes cafés de la place du Palais, à ce moment désert. A peine venons-nous de nous installer sur un moelleux divan, qu'un

CONSTANTINE. — PONT NATUREL DANS LE LIT
DU ROUMEL

garçon, d'ailleurs fort poliment, vient nous dire que la place est retenue. Très conciliants, nous nous transportons sur un autre et là même refrain. Le confortable est, paraît-il, réservé à MM. les habitués et nous devons nous contenter de simples chaises ; un monsieur moins accommodant, entré en même temps que nous, prend la poudre d'escampette sans qu'on essaie de le retenir. C'est égal, cette hospitalité, rien moins qu'écossaise, nous refroidit au moins autant que la température, et dès le lendemain, nous partons pour Biskra, la ville au palmiers, où sans doute nous trouverons un ciel plus clément et des gens plus affables.

DE CONSTANTINE A BISKRA

A sept heures du matin, nous franchissons de nouveau le Roumel sur le pont d'El-Kantara, le seul passage par lequel, du côté sud, on puisse pénétrer dans la ville, et nous sautons dans le train qui doit nous rendre à Biskra à cinq heures du soir, car la distance est de 220 kilomètres.

Le train est envahi par une foule d'ouvriers et d'employés des ateliers de Sidi-

Mabrouck situés à deux kilomètres de là et appartenant à la compagnie de l'Est algérien.

De la portière du wagon le panorama est splendide. La ligne ferrée décrit une courbe immense ; l'on aperçoit encore à la pointe sud-est de la ville le théâtre qui la couronne ainsi qu'un temple antique. Peu à peu les faubourgs disparaissent et nous n'avons plus devant les yeux que de grandes plaines inondées. Les routes et les chemins sont coupés et la pluie et le tonnerre ne cessent de faire rage. Nous nous demandons, mon compagnon et moi, s'il est bien prudent de continuer notre voyage. Mais notre esprit ne s'arrête pas longtemps sur cette pensée rétrograde, et nous convenons d'aller jusqu'au bout, non du monde, mais de la ligne dont Biskra est le point terminus. Nous devions en être largement récompensés.

CONSTANTINE. — LE PONT D'EL-KANTARA

A Aïn-M'lila, important village où
nous voyons une quantité de cigognes
perchées sur les cheminées, nous laissons sur notre gauche la ligne à voie
étroite qui va jusqu'à Aïn-Beida, au cœur
de l'Aurès, et dont l'importance stratégique est considérable.

L'immense plaine est parsemée de
tentes et de troupeaux ; ce sont les
Arabes nomades du désert qui viennent
faire paître dans le Tell ; mais tentes et
troupeaux sont environnés d'eau. Au
moment où nous arrivons aux chotts
Tinsilt et M'souri, le train s'arrête
brusquement ; la ligne passe sur
un pont à l'endroit même où ces deux
lacs salés communiquent entre eux. Or,
pour le quart d'heure, ledit pont est en
train de *tomber dans le lac*, et si nous
passons sans accident nous le devrons
à Allah et à son prophète, les patrons
de céans.

Un service de pilotage est établi, et le train se remet en marche, mais *piano*, *lento*, *lentissimo* et le temps nous paraît terriblement long. Notre wagon passe à son tour au point le plus crevassé, et nous pouvons enfin respirer librement : nous sommes sauvés ! Le sifflet de la locomotive fait envoler des bords du lac, une foule de flamands et de canards sauvages ; instinctivement nous épaulons... nos bâtons, vides hélas du plomb meurtrier.

L'exploitation du sel de ces lacs, qui ont 7.000 hectares de superficie, est toute primitive ; on se contente de ramasser le sel sur les rives lorsque l'eau se retire en été.

Nous approchons de l'antique Lambaësis, la ville de la IIIe légion romaine, dont nous nous promettons de visiter à notre retour les ruines imposantes.

C'est là, dans ces lieux désolés, que

le parjure de 1852 a envoyé à la mort
les défenseurs du droit et de la loi ; à
travers les énormes nimbus qui
déversent sur nous des eaux diluviennes,
il nous semble voir apparaître leurs
ombres lamentables cherchant la patrie
loin de laquelle ils sont morts.

Et cette vision me remet en mémoire
ces vers de l'immortel auteur des
Châtiments :

Paix aux morts endormis dans la tombe stoïque !
Paix au sombre océan qui mêle sous les cieux
La plainte de Cayenne au sanglot de l'Afrique !
   Souffrons ! le crime aura son tour.
   Oiseaux qui passez, nos chaumières,
   Vents qui passez, nos sœurs, nos mères,
   Sont là-bas, pleurant nuit et jour ;
   Oiseaux, dites-leur nos misères !
   O vents, portez-leur notre amour !

Batna fut d'abord un simple camp
qui protégeait la route du Tell au Sahara
et dominait l'Aurès dont les tribus
belliqueuses étaient constamment en
insurrection. Peu à peu, quelques colons

vinrent se grouper autour du camp, et ce noyau du centre actuel prit le nom de Nouvelle-Lambèse ; le nom de Batna, en arabe « le bivac », date seulement de 1849. Une bonne note en passant au buffet où le déjeuner, dans lequel figure le plat de lentilles biblique, ne laisse rien à désirer ni en qualité, ni en quantité, le télégraphe ayant annoncé en temps voulu le nombre des convives.

Au départ, nous avons pour compagnon de voyage un sergent-major de Bat'd'Af, en garnison à Biskra ; il vient de Constantine témoigner devant le Conseil de guerre ; c'est un charmant garçon dont nous ne regretterons pas d'avoir fait la connaissance.

En quittant Batna, vivat ! la pluie cesse et le soleil sourit ; nous traversons de grandes plaines incultes aux tons fauves que parcourent de nombreuses petites caravanes du Sud, et la ligne commence à monter en lacets les premiers contreforts de l'Aurès qui nous sépare du Sahara. Devant nous se dresse le Djebel-Gaous, au pied duquel nous allons trouver El-Kantara, l'oasis merveilleuse. A ce moment, rien ne fait présager la végétation luxuriante que nous verrons tout à l'heure ; nous cotoyons les rives mornes et nues de l'Oued-Guebli dont les nombreux lits changeants ont profondément raviné le sol. Des monticules isolés, aux formes bizarres, se dressent dans tous les sens ; parfois, un des côtés de ces monticules est vertical, orné de dessins tels qu'ils semblent être sortis des mains d'habiles ouvriers.

Soudain, apparaissent au milieu de ce chaos des cultures très soignées ; c'est une colonie fondée par des Alsaciens-Lorrains.

Le ciel est d'une pureté infinie ; l'air

est doux et sec; on nous affirme qu'il n'est pas tombé une goutte d'eau ici depuis un mois. Et nous qui sommes à la lessive depuis plus d'une semaine !

Nous approchons rapidement de l'énorme Djebel-Gaous, qui barre l'horizon et dont la coupure verticale porte le nom de gorges d'El-Kantara, la bouche du Sahara, pour les arabes.

En avant des gorges, le train s'arrête un bon quart d'heure à la station d'El-Kantara, sans doute pour nous faire recueillir avant de goûter les charmes inconnus de l'oasis voisine, ou, plus prosaïquement pour nous permettre de nous désaltérer, car le thermomètre de la station marque 34° à l'ombre. L'eau qu'on nous sert est, hélas, à l'unisson, à 25° au moins ; c'est une infusion fort peu rafraîchissante.

Le train s'engage dans les gorges au fond desquelles serpente l'Oued-Kan-

tara, passe deux ou trois tunnels et
soudain nous voilà en pleine oasis. De
la fraîcheur, de la verdure, un fouillis de
palmiers dont le vert sombre tranche

GORGES D'EL-KANTARA

sur les fauves rochers du Gaous ; à travers le feuillage nous apercevons aussi
les maisons en tôb ou briques séchées
au soleil, des trois dacheras ou villages ;
une nuée de *mouthatious* nous saluent
de leur cris perçants.

A travers l'Algérie.   **12**

Les Romains avaient édifié là un immense établissement, et nous pouvons voir en passant les vestiges d'un amphithéâtre et d'un aqueduc.

Devant nous, c'est l'immensité, c'est le Sahara! C'est un pâle océan parsemé de taches sombres, les oasis des Ziban! L'impression, le saisissement sont indéfinissables. Un cri monte aux lèvres malgré soi : « La mer! La mer! »

Après un nouvel arrêt à la Fontaine des Gazelles, nous traversons une série de cultures importantes, léguées peut-être par les Romains. A ce moment, une pierre vient briser la glace du compartiment voisin, et nous voyons un jeune berger arabe, sa fronde à la main, qui, loin de se cacher, se réjouit de son adresse, sûr qu'il est de l'impunité. Une dernière station à la ferme Dufour, et à 5 heures du soir nous entrons en gare de Biskra. Là, nous sommes en un clin

OASIS D'EL-KANTARA

d'œil littéralement enlevés par une nuée de négros, emballés dans la carcasse d'une voiture, traînée par des chevaux squelettes, et finalement déposés à l'hôtel du Sahara.

BISKRA

L'OASIS. — UN COUCHER DE SOLEIL.
LES OULED-NAÏL.

A peine installés et malgré la fatigue
du voyage, nous sortons, séduits par la
pureté du ciel, et par un coucher de
soleil qu'un Victor Hugo seul pourrait
dépeindre. Nous allons à l'aventure, à
travers la ville indigène, et soudain
nous nous trouvons en face d'une magnifique avenue qui traverse l'oasis dans
toute sa longueur. De chaque côté des
champs d'orge cultivés par les nomades
dont nous apercevons à peine les tentes
sous les palmiers, mais que nous
signalent amplement les aboiements

des chiens. Sur notre gauche un beau
rideau de dattiers qui nous voile à demi
d'élégantes constructions ; ce sont les
splendides jardins Landon.

Le soleil se couche dans la pourpre ;
les oiseaux font leur prière du soir, et
comme ils sont nombreux comme les
feuilles, c'est autour de nous une délicieuse symphonie à laquelle nous avons
peine à nous arracher. Devant nous, par-
dessus la bande sombre des palmiers,
les montagnes dénudées de l'Aurès
semblent embrasées par les feux du
couchant et les maisons des indigènes sont colorées d'une teinte rose.
Les nomades qui regagnent leurs tentes
nous gratifient du salem-aleck. Nous
sommes transportés à la vue de ce paysage biblique auquel les gorges pro-
fondes de la Kabylie et les plaines
fauves du pays de Batna ne nous avaient
pas habitués.

BISKRA. — L'OASIS

Nous rentrons à l'hôtel où nous trouvons une aimable famille remplie d'égards et de sollicitude pour ses hôtes. Le petit salon, à l'entrée, est un véritable musée d'armes, d'ustensiles et de bijoux indigènes des plus curieux et des plus variés. Dans le grand vestibule s'étagent les échantillons minéralogiques rapportés du désert par les colonnes expéditionnaires ou par les officiers qui dirigent le forage des puits artésiens.

Dans des bocaux sont conservés les petits poissons aveugles qu'amena au jour l'eau des puits artésiens, et qui vivaient dans l'onde souterraine de l'Oued-R'rir ; le scorpion (akrab) et la vipère cornue (lefâ), horribles bêtes dont les piqûres sont presque toujours mortelles si les soins ne sont pas immédiats, y figurent aussi.

Après le dîner, nous traversons les allées du square délicieuses de fraîcheur.

Et dire qu'il y a vingt ans, nous n'eussions trouvé là que des sables stériles !

Tandis que nous dégustons notre kahoua au Café de Paris, s'il vous plaît, arrive un jeune et superbe arabe entouré de ses chaous ou serviteurs. C'est le fils du grand caïd des Ziban, Mohamed S'rir-ben-Gana. Élevé au Lycée d'Alger, il ne dédaigne, paraît-il, aucun des bienfaits ni aucun des vices de notre civilisation. Peut-être commandera-t-il plus tard toute cette vaste région où sa famille jouit d'un grand ascendant. Pour le moment, la manille n'a pas de secret pour lui, non plus que les belles filles du désert, « aux grands yeux de gazelle, » qui viennent à Biskra pour faire admirer et surtout apprécier leurs charmes à leur juste valeur.

Pourquoi n'irions-nous pas aussi les voir dans leur quartier, ces attrayantes Ouled-Naïl ? Voici précisément l'heure où chaque soir commencent leurs danses. Dans ce quartier spécial, nous trouvons une foule aussi bruyante que

UN ORCHESTRE

variée : arabes et berbères; nègres du Soudan, dont nous avons jadis affranchi les papas; anglais de l'hôtel Victoria, dont les compagnes semblent avoir pris

les danseuses en particulière affection ;
spahis et joyeux, tout ce monde bigar-
ré se coudoie quasi fraternellement.
Nous entrons dans un café maure où la
danse va commencer et aussitôt le
kahouadji, déplaçant quelques-uns de
ses consommateurs en burnous, nous
case en face l'orchestre, et quel orchestre !
Un énorme négro souffle sans disconti-
nuer dans la rhaïta, sorte de clarinette ;
un autre, grand et sec, frappe de ses
doigts sur la derbouka composée d'une
peau tendue sur un pot défoncé ; un
troisième se fait un rempart d'une grosse
caisse sur laquelle il frappe à coups
redoublés à l'aide d'un bâton recourbé ;
dans le lointain, sous les palmiers, les
chiens des tentes accompagnent en hur-
lant l'étrange symphonie.

Attention ! un groupe de danseuses a
fait son entrée. Après le salut d'usage,
elles s'avancent, en se balançant en

avant, en arrière, en élevant leurs bras
garnis de bracelets ; leurs diadèmes et
leurs colliers de pièces d'or scintillent
et leur font comme une auréole ; l'or-

BISKRA. — OULED-NAÏL

chestre précipite l'allure et nous retrouvons les poses plastiques, la fameuse
danse du ventre, dont les visiteurs de
la rue du Caire, à l'Exposition de 1889,
se souviennent, mais qui est enlevée ici

avec plus de maëstria. Puis les almées défilant près de nous, j'offre à l'une d'elles, dont j'aperçois l'admirable torse nu sous la gaze transparente, une cigarette parfumée que, gentiment elle allume à la mienne. Et pendant cette promenade, les piécettes blanches tombent sur le tapis, aussitôt ramassées par le négro souffleur dont le rire, qui découvre les dents blanches, révèle l'intime satisfaction.

Et comme il se fait tard, nous rentrons au logis en nous contentant de prier Allah qu'il nous montre en rêve un coin du paradis de son prophète avec ses houris aux longs yeux fascinants.

BISKRA

LE FORT SAINT-GERMAIN

LE CARDINAL LAVIGERIE

LA SOURCE DU HAMMAN-ES-SALAHIN

Le lendemain matin, nous rendons visite à notre sergent-major. Le fort Saint-Germain où il est caserné est destiné à recevoir la population européenne en cas d'insurrection et abrite en ce moment quelques compagnies de bat''' d'af. Des terrasses, la vue est magnifique; devant nous, à perte de vue, le désert parsemé d'oasis; sur notre gauche, au-dessus des palmiers, le minaret de Sidi-Okba; à droite, dans le lointain, l'oasis de Zaatcha dont Canrobert fit le siège en 1849. La résistance acharnée que Bou-Zian lui opposa pendant 52 jours permit de compter cette prise mémorable parmi nos plus beaux faits d'armes. Comme représailles, dix mille palmiers furent coupés à un mètre du sol. Ce châtiment fut terrible, car on le sait, le palmier, presque l'unique ressource de ces parages, ne produit guère qu'au bout de huit années et met 30 années pour être en plein rapport. Ajoutons qu'au moment de la récolte, qui se fait en octobre, les régimes de dattes ont emmagasiné depuis huit mois 5.200 degrés de chaleur ; car, disent les arabes, il faut que le palmier, dont les produits égalent comme valeur le blé sur les marchés, ait les pieds dans l'eau et la tête dans le feu.

Sur la terrasse du fort est installé un poste de télégraphie optique qui communique avec Constantine par la station

du pic de l'Amahr-Kaddou. A ce sujet,
le sergent-major nous raconte une plai-
sante histoire. Dans les premiers temps

MOSQUÉE DE SIDI-OKBA

de l'établissement de la ligne optique,
le fonctionnaire chargé de trans-
mettre à l'administration les observa-
tions météorologiques recueillies à

Biskra terminait régulièrement son bulletin par cette mention : « Éclairs brillants et se succédant sans interruption au-dessus de l'Amahr-Kaddou. » L'administration justement émue de ces éclairs quotidiens prescrivit une enquête qui se termina par un éclat de rire. Le pauvre scribe enregistrait religieusement depuis un an les signaux du poste optique qui ne se doutait guère des graves perturbations qu'il occasionnait dans le monde astronomique.

Grâce à notre cicerone, nous pûmes voir à l'intérieur du fort un curieux autel que la IIIe légion romaine, fondatrice de Lambèse, avait dédié à Mercure, Hercule et Mars, et qui fut trouvé dans l'oasis d'El-Kantara.

Après un rafraîchissement doublement cordial préparé avec l'eau de la citerne de l'hôpital, la seule eau fraîche et non salée qu'il y ait à Biskra, nous prenons congé de notre nouvel ami en convenant avec lui que le lendemain nous chasserions les cailles qui, à cette époque, après avoir traversé le grand désert, viennent par milliers se ravitailler dans les oasis, avant de passer dans le Tell et de traverser la Méditerranée.

A la sortie du fort, nous rencontrons un robuste vieillard à longue barbe blanche, vêtu du costume ecclésiastique. Une véritable cour de religieux de différents ordres, mais où dominent les Pères blancs, l'accompagne ; c'est le pape d'Afrique, le cardinal Lavigerie, venu comme tous les hivers, habiter sa belle résidence de Biskra. Cette fois, son véritable but est de mener à bien une nouvelle entreprise d'une portée incalculable. Il s'occupe d'organiser une phalange d'hommes endurcis qui, nouveaux chevaliers de Malte, s'en iraient à travers le Sahara, tantôt persuasifs et tan-

tôt combattants, pour engager les caravanes à passer par l'Algérie, et purger
de ses écumeurs le chemin de Tombouctou, en préparant ainsi la route au
Transsaharien. Cette grande conception
ne survécut pas, on le sait, à la mort
prématurée du noble apôtre que les indigènes appelaient avec vénération « le
grand marabout des roumis ».

Sur le soir, car en cette fin de mars
la chaleur du milieu du jour est déjà
accablante, une maigre haridelle nous
conduit à 6 kilomètres à travers les
sables, au Hamman-es-Salahin, le bain
des Saints des Arabes, la Font-chaude
des Français.

La source est sulfureuse et débite à
gros bouillons cent cinquante mille litres
à l'heure ; elle sort de terre avec une température de 46°. Les piscines sont primitives mais très commodes. Capter
cette source et l'amener à Biskra même,

où la facilité des communications, la
beauté du site et un climat exception-
nel attirent un nombre toujours crois-
sant d'étrangers chaque hiver, serait pour
la ville le plus grand des bienfaits.
Quelques propriétaires y songèrent,
mais immédiatement les compétitions
surgirent en si grand nombre que cette
bonne idée subit un temps d'arrêt. Puis
une société lyonnaise se constitua pour
reprendre cette idée d'avenir, mais
celle-ci dut se heurter aux mêmes difficultés signalées. Enfin, tout dernière-
ment, grâce à l'initiative de M. Fau, le
sympathique fondateur de la Compagnie
de l'Oued-R'rir, un tramway conduit
au Hamman-es-Salahin. De plus, il vient
de créer un Casino qui, construit dans
le style mauresque, comprend : hôtel,
café-restaurant, cercle et théâtre. Un
minaret de 40 mètres de hauteur per-
mettra au voyageur d'embrasser, d'un

seul coup d'œil, toutes les oasis du Zab
de Biskra ; un tramway partant de ces
élégantes constructions traversera tout
l'oasis dans la direction du sud et se
reliera à celui de la Fontaine-Chaude.
Voici donc en quelque sorte le projet
devant transformer Biskra en station
hivernale réalisé. D'années en années,
les touristes et les malades attirés par
la douceur du climat viendront en grand
nombre, récompensant ainsi les coura-
geux pionniers qui, presque seuls,
sont arrivés à allier les splendeurs de
la civilisation la plus raffinée aux sauvages beautés de la nature.

Nous nous plongeons avec délice dans
ces eaux réconfortantes et nous faisons
honneur au *five o clock* qu'un petit buffet attenant nous sert dans les prix
doux. En sortant, nous tombons au
milieu d'un essaim de jeunes danseuses
qui prennent leurs ébats dans les eaux

BISKRA. — OULED-NAÏL AU BAIN

d'un petit lac alimenté par la source. Ces baigneuses primitives, moins soucieuses de certaines parties de leur corps que les mauresques d'Alger le sont de leur visage, exhibent à nos regards des formes qui, je me hâte de le dire, n'ont rien d'académique.

BISKRA

UNE CHASSE AUX CAILLES

L'EXPLORATEUR FOURREAU ET LA QUESTION

DU TOUAT

A quatre heures du matin, je suis
éveillé par mon nouvel ami le sergent-
major qui sonne le réveil en campagne.
Tandis que mon compagnon de voyage,
que les exploits cynégétiques laissent
froid comme marbre, reprend son rêve
interrompu, nous nous acheminons vers
la demeure d'un aimable perruquier qui
doit me confier son lefaucheux et m'approvisionner de cartouches. Un *kelb*
d'une race indécise nous précède en
manifestant sa joie par des bonds désor-

donnés ; légué au sergent-major par un officier actuellement au Tonkin, Eustache, de son nom de baptême, arrête, paraît-il, et rapporte dans la perfection.

Délicieuse matinée ; les champs d'orge sont baignés de rosée ; les oiseaux emplissent l'air de leurs chants ; des huppes volètent de palmiers en palmiers. Prrrt ! Pan, pan, c'est une caille qui se lève et que du reste nous manquons bel et bien à dix pas. En entendant parler la poudre, un jeune arabe accourt des tentes et se rallie à nous. Aussi agile qu'Eustache, il posera à coup sûr la main sur la pauvre caille tombée et la rapportera fidèlement. Le moment de surprise passé, nous rectifions notre tir et désormais, comme l'on dit en Bourgogne : tout coup, quille ! Et point n'est besoin d'aller à la remise, les malheureuses gallinacées ne cessant

de se lever devant nous. Malheureusement, de temps en temps, nous som-
brons dans les rigoles grâce auxquelles
chaque matin on irrigue les plantations
et si nous nous relevons sans blessures.
nous n'en sommes pas moins crottés
comme des barbets. Parfois aussi, nous
tombons brusquement sur un campement de nomades, propriétaires d'un
lopin de terre ou de palmiers, et les
chiens de garde, aux dents de chacals,
semblent vouloir tâter de nos mollets
européens; à chaque instant nous
sommes obligés de les tenir en joue jusqu'à ce qu'un coup de sifflet strident
de leur maître les rappelle. Quand
même, tout va bien, la fusillade continue et Eustache maintient sa bonne
réputation.

Mais voici que soudain en débou-
chant dans une clairière, il nous semble
entrer dans une fournaise; le soleil

vient de s'élancer comme une énorme
boule de feu au-dessus de la ligne de
l'horizon ; autocrate implacable, il règne
aussitôt en maître absolu entre ciel et
sable. Encore quelques instants, et tout
ce qui est vivant se cachera et se taira ;
seul, le grand lézard vert des palmiers
que nous rencontrons va continuer ses
capricieuses promenades, protégé par
sa constitution spéciale. Bêtes et gens
doivent rentrer ; du reste nous sommes
loin d'être bredouilles et notre chasse
complètera délicatement le frugal menu
de la cantine.

Nous déjeunons avec l'explorateur
Foureau qui revient d'une mission au
Tademayt, territoire d'In-Salah. Ce
vaillant compatriote d'Étang-sur-Ar-
roux, un des fondateurs de la Cie
de l'Oued-R'rir, qui possède une
douzaine de forages débitant 2.500 litres
d'eau à la minute, n'en est pas à sa

première exploration dans le désert.
Possédant parfaitement la langue arabe,
capable de supporter toutes les fatigues
et toutes les privations, plein de courage et de sang-froid, il espérait cette
fois, sous le couvert du commerce et
grâce à des guides sûrs, pénétrer dans
In-Salah, cette cité mystérieuse, voisine
du Touât, où se réfugie notre insaisis-
sable ennemi, Bou-Amena. Mais averti
à temps du danger qu'il courait s'il
pénétrait dans la ville, il fut obligé de
revenir en arrière. Et il en sera toujours
ainsi tant que la France ne se décidera
pas à prendre possession de ces contrées
qui ne se réclament du Maroc que pour
échapper à notre influence.

Après une visite au marché et aux
marchands d'armes touaregs, d'éven-
tails du Soudan, de cornes d'antilopes
et crottes parfumées de gazelles, nous
nous retirons de bonne heure car la

journée du lendemain ne laissera pas d'être pénible ; nous avons en effet décidé de faire une excursion aux bords du Chott Mel-R'ir qui, dans le projet du commandant Roudaire, sera compris dans le bassin de la future mer intérieure du Sahara.

BISKRA. — PLACE DU MARCHÉ

LE SAHARA

UNE EXCURSION AU CHOTT MEL-R'IR

LA MER INTÉRIEURE DU COMMANDANT ROUDAIRE

LE MIRAGE. — DÉPART POUR LAMBESSA

Nous voici sur la route de Touggourt, marchant droit au Sud, avec notre pittoresque attelage à trois chevaux étiques, nos deux conducteurs nègres et notre harnois de gueule, comme dit Rabelais, précaution nécessaire s'il en fût.

Il est trois heures du matin quand nous passons devant le poste fortifié qui marque la limite de Biskra ; malgré

de légers nuages qui montent à l'ho
rizon, la journée promet d'être chaude.
Nous sommes munis non seulement de
parasols mais aussi de couvertures, car
notre course est d'environ 100 kilomètres aller et retour, et nous ne ren-
trerons que fort avant dans la nuit.
Au sortir de l'oasis, nous traversons des
plaines au sol argileux où paissent de
nombreux troupeaux et que les arabes
appellent Saâda, c'est-à-dire l'heureuse
plaine.

Notre véhicule passe le lit presqu'à sec
de l'Oued-Djedi qui, prenant sa source.
dans le Djebel-Amour, arrose le pays
de Laghouat et vient se jeter dans les
chotts que nous allons visiter.

Maintenant, nous gravissons lentement la rampe d'un plateau qui marque
le point de partage des eaux. Depuis
longtemps déjà, notre vue est attirée
par une sorte de forteresse féodale avec

SUR LA ROUTE DE TOUGGOURT

des créneaux, un donjon et des angles
à bastions. Comme nous nous approchons, hélas ! nos illusions s'envolent :
nous sommes en face d'une misérable
construction en terre durcie au soleil,
effritée par les éléments ; c'est le Bordj
de Taer-Rashan.

A ce moment nous avons franchi plus
de la moitié de notre parcours ; les oasis
des Ziban ne se montrent plus au nord
que comme des taches sombres ; nous
sommes dans le bassin de l'Oued-R'ir,
région basse où l'on trouve l'eau à peu
près potable à deux et trois mètres de
profondeur ; puis nous descendons dans
une suite de bas-fonds humides où
croissent de vigoureuses touffes de
sedra, le *zizyphus lotus* des botanistes.

Enfin, nous voici à Chegga notre
point terminus. Pendant que nos conducteurs installent leur attelage au caravansérail, nous nous confions à un

indigène qui s'offre à nous guider sur les bords du chott. Comme il baragouine un peu de français, il finit par nous faire comprendre que vu la saison et surtout par ce ciel nuageux nous avons grandes chances de jouir d'un beau mirage.

Après une demi-heure de marche, nous descendons entre deux talus d'argile, et nous voici sur les bords du chott où nous n'apercevons pas le moindre filet d'eau. Partout des efflorescences salines en couches épaisses qui résistent sous nos pas. C'est le sédiment des eaux qui, dans la saison des pluies, ont traversé le sol en dissolvant le sel et qui, plus tard, s'évaporent au soleil. Et cela continue pendant 300 kilomètres sur une superficie de 6.000 kilomètres carrés.

En 1873, le capitaine Roudaire, chargé de travaux géodésiques entre Biskra et le Mel R'ir, constata que ce dernier était à 27 mètres au-dessous du niveau de la mer ; si ce niveau se continuait

SAHARIEN

jusqu'au golfe de Gabès, il suffirait de percer l'étroit bourrelet de sable qui sépare les chotts du golfe, pour faire de cette immense dépression marécageuse,

une mer intérieure et modifier complètement les conditions climatériques de
toute la région.

D'après les géologues, le Sahara
n'était à l'époque quaternaire qu'un
vaste bras de mer qui unissait la Méditerranée à l'Atlantique. Les historiens
anciens signalent aussi l'existence de
cette mer au commencement des temps
historiques et, suivant d'anciennes tra-
ditions arabes, certaines oasis actuelles
étaient autrefois port de mer.

Quoi qu'il en soit, le projet Roudaire
trouva immédiatement des contradic-
teurs. Les ingénieurs italiens préten-
dirent, sans études sérieuses, que l'entreprise était irréalisable quant au ver-
sant tunisien ; les allemands y virent un
danger pour l'Europe, par suite de l'aug-
mentation de la surface d'évaporation ;
les anglais, eux, ne dirent mot, mais
commencèrent sur le côté ouest de

LE SAHARA

l'Afrique des études et sondages analogues. Pour les partisans du projet qui ne manquèrent pas non plus, la mer intérieure devait ramener dans ces régions l'ancienne fécondité disparue; ses vapeurs ramèneraient l'équilibre dans la température; le sirocco, chargé d'humidité, ne dessécherait plus les végétaux sur son passage; enfin, de grands marchés ne manqueraient pas de s'établir sur ces nouveaux bords ramenant ainsi en Algérie les caravanes, qui depuis si longtemps, passent à distance de nos bureaux douaniers.

Malgré ces prévisions, le commandant Roudaire mourut sans voir son projet accepté, tellement notre pays est rebelle aux grandes conceptions. L'épargne française préfère se jeter à l'aveugle dans les entreprises comme celle de Panama, qui a englouti tant d'honneur, de gloire et de capitaux français.

Nous cheminions depuis quelque temps, faisant craquer la croûte saline sous nos pas, quand le ciel se couvrit de nuages. Par instant, notre guide qui nous précédait semblait entrer jusqu'aux genoux dans le sol. Nous avancions lentement, craignant à chaque instant de marcher dans une eau limpide que nous apercevions tout prêt de nous mais qui s'éloignait à mesure que nous avancions. Plus loin, des îlots chargés d'une végétation luxuriante surgissaient tout à coup à la surface de ces ondes mystérieuses ; plus loin encore se profilaient des collines au pied desquelles des palmiers géants agitaient leur opulente chevelure. Tandis qur nous restions muets, nous frottant les yeux, notre guide souriait de notre surprise : « Hada mirage, » dit-il. C'était bien le mirage avec ses scènes indicibles et ses étonnantes illusions, qui, dans ce pays de la

soif, est l'espérance trompeuse du malheureux voyageur ; et maintenant nous
comprenions sans peine les soldats de
Bonaparte qui, traversant le grand
désert, couraient droit au mirage, vers
les fraîches oasis, sans écouter la voix
prudente de leurs chefs.

Bientôt les nuages s'étant déplacés,
la féerique vision s'évanouit et, tout
rêveurs, nous rentrons au caravansérail.
Nous hâtâmes le retour, ces parages
n'étant rien moins que sûrs, à l'approche de la nuit. En effet, le courrier
de la poste de Touggourt venait d'être
dévalisé et le matin même nous avions
rencontré maintes figures plus ou moins
patibulaires.

Nos trois bêtes sentant l'écurie vont à
un train d'enfer suivant une trace vive-
ment éclairée par la lune. Sur le désert
plane un immense silence interrompu
seulement de loin en loin par les

lugubres aboiements. des chiens des douars éparpillés dans la plaine.

Nos sombres prévisions ne devaient pas se réaliser, ce que je regrette pour mon récit, et nous rentrons à Biskra sans encombre. Après quelques heures de repos, nous prenons le train du matin qui nous déposera à Batna, car nous devons bien une visite aux ruines de l'antique Lambaësis.

BATNA

LES RUINES DE LAMBÈSE. — SÉTIF.

Pour la seconde fois, nous franchissons les gorges d'El-Kantara, et nous disons adieu, au revoir peut-être, au désert immense et aux majestueux palmiers. Dans quelques années, sans doute, la ligne descendra l'Oued-R'ir jusqu'à Touggourt et Ouargla, poussera peut-être jusqu'au Touât, faisant faire un grand pas à la question du Transsaharien. A ce moment nous reviendrons si Allah le permet.

A onze heures nous arrivons à Batna et nous dressons nos plans pour employer utilement et agréablement les vingt-quatre heures de notre séjour ici.

Après le déjeuner, il nous est facile de nous procurer une voiture avec un guide connaissant parfaitement le pays, précaution indispensable si l'on veut se rendre un compte exact de ce qu'était l'importante ville romaine.

La route contourne un des derniers contreforts de l'Aurès puis file tout droit jusqu'aux premières maisons du village distant d'environ onze kilomètres de Batna

Mettant ses chevaux au pas, notre conducteur aussi disert qu'expérimenté, nous fait remarquer la position stratégique de cette immense cité qui n'occupait pas moins de 250 hectares de superficie.

Ce qui attire immédiatement les

regards lorsque l'on pénètre dans les
ruines, ce sont celles du Prétorium ayant
environ trente mètres de côté. Ce monu-

LAMBESSA. — LE PRÉTORIUM

nument aux restes imposants s'élève à
l'intersection des deux voies principales
qui, partant des quatre portes de la ville,
la partageaient en quatre quartiers
d'inégale grandeur. De l'immense salle

où retentissait la voix éloquente des
tribuns, il ne reste que les quatre murs
et dans l'enceinte vide on ne retrouve
plus que des fragments de colonne et
de bas-reliefs recueillis dans la plaine.

Puis ce sont les restes des vastes établissements thermaux que les romains
construisaient, même chez les peuples
conquis ; l'amphithéâtre obligatoire,
pourrait-on dire, qui pouvait contenir
jusqu'à 12.000 spectateurs, à peu près
le quart de la population ; un temple
dédié à Esculape, ce qui semblerait indiquer que la ville laissait à désirer sous
le rapport sanitaire ; des portes monu-
mentales dont la mieux conservée avec
ses trois ouvertures à plein cintre est
connue sous le nom d'arc de Sévère ; un
forum qui pouvait contenir la population
entière ; des nécropoles immenses dont
quelques inscriptions indiquent que l'on
vivait quelquefois très vieux à Lambésis.

Tout cela parsemé de fûts de colonnes
brisés, de mosaïques dispersées, seuls
restes d'un pillage ininterrompu de plus

LAMBESSA. — PORTE DE SÉVÈRE

de mille années. Les ruines ne sont
même, paraît-il, plus reconnaissables
pour ceux qui les ont visitées il y a quarante ans, tellement cette période de
notre occupation a été désastreuse pour
elles.

Tandis que notre esprit évoquant le passé grandiose se perd en réflexions, une question revient sans cesse sur nos lèvres; comment une ville de cette importance a-t-elle pu s'établir et devenir florissante au milieu d'une contrée si stérile? Il a fallu que les conditions climatologiques fussent singulièrement différentes de celles d'aujourd'hui. Il a dû en être de même de toute cette partie de l'ancienne Mauritanie où l'on retrouve encore, au milieu de sites désolés, des enceintes et des débris qui indiquent l'emplacement de villes considérables, couvrant souvent plus de cinquante hectares et avec une population probable de huit à dix mille habitants. Les légions romaines devaient posséder quelques baguettes magiques dont leurs successeurs de la Gaule beaucoup moins entreprenants et persévérants, auraient le plus grand besoin, car nous sommes loins d'avoir en Algérie une colonie aussi riche que celle qu'y possédaient les Césars.

Pour revenir nous longeons les murs du pénitencier, seul établissement que nous ayons fondé pour remplacer la ville morte, et qui a surtout servi d'ossuaire aux victimes des commissions mixtes de 1852.

Quand nous rentrons à Batna, la nuit commence à tomber; nous nous informons d'un jeune lieutenant, notre compatriote, dont le bataillon tient ici garnison; il est absent en ce moment, ce qui nous prive du plaisir de passer la soirée avec lui. Plus tard, notre vaillant compatriote Bulot fera partie de l'expédition au Dahomey. Capitaine, il repartira pour Madagascar; à Mévatanana, faisant mettre sac à terre à sa compagnie, il entrera le premier dans cette forteresse des Hovas, faisant ainsi preuve, lui et ses hommes, d'un entrain et d'une endurance peu ordinaires.

Le lendemain, nous partons pour Sétif, où nous arrivons sur le soir sans incident.

SÉTIF

LES GORGES DU CHABET-EL-AKRA. — BOUGIE.
RETOUR A ALGER

De Sétif, nous avons deux routes pour rentrer à Alger; celle par laquelle nous sommes venus qui est la plus directe; la plus longue, celle de l'école buissonnière, qui nous plaît davantage, passe par les gorges du Chabet-el-Akra, et nous mènera à Bougie; de là, profitant d'une ligne toute récente, nous reprendrons celle d'Alger aux Beni-Mansour.

C'est donc à ce dernier itinéraire que nous nous arrêtons, mais faut-il encore que nous nous assurions des places dans la vieille diligence qui mettra environ douze heures pour franchir les 112 kilomètres qui nous séparent de Bougie.

Nos démarches terminées à notre satisfaction, nous faisons le tour de la ville que nous n'aurons pas le temps de visiter le lendemain. Sur l'emplacement de l'ancienne capitale de la Mauritanie sétifienne, la *Sitifis colonia* des Romains, on a trouvé une quantité de monuments de toute espèce qui ont été réunis en une sorte de musée en plein air, situé sur la promenade d'Orléans. La ville actuelle comprend deux parties; les établissements militaires, très vastes, pouvant contenir une garnison de 3.000 hommes, et la ville proprement dite, entourée d'une enceinte percée de portes. Les rues en sont larges et propres et le séjour dans cette vaillante petite cité ne doit point être désagréable.

Puis, nous passons la soirée dans un

SÉTIF

café où des artistes français chantent devant un public composé de fonctionnaires, d'employés et de tirailleurs, des chants patriotiques qui sont applaudis avec frénésie. Adieu les flots d'azur, les minarets, les gorges, les oasis et les almées. L'enthousiasme nous gagne; par un nouveau mirage, nous nous croyons en France, le doux pays que le cœur n'oublie pas.

Le lendemain, à 5 heures du matin, nous sommes en route; par extraordinaire, la diligence n'est pas bondée et nous sommes seuls avec mon compagnon sur la banquette au-dessus du conducteur, places toujours recherchées. A cette heure, en cette saison, il fait encore sombre et le bercement de la voiture nous engage presque à reprendre un sommeil trop tôt interrompu. Du reste le paysage ne deviendra réellement intéressant qu'à l'approche de la grande chaîne des Babors que nous allons traverser sans trop de peine, grâce encore à une de ces monstrueuses coupures que la nature semble avoir semées sur le sol tourmenté de l'Algérie, pour la plus grande jubilation du voyageur.

Au moment où j'ouvre un œil, nous sommes dans une immense plaine bornée par de hautes montagnes sur lesquelles nous nous dirigeons; ne trouvant pas encore le site assez curieux pour y prêter attention, je me rendors dans mon capuchon pendant que l'ami Georges qui essaie mais en vain, d'en faire autant, roule une cigarette. Un cahot plus fort que les autres, dans un tournant, me fit risquer un œil. Dieu que de montagnes! Du col que nous traversons en ce moment, elles semblent les vagues énormes d'une mer immense subitement pétrifiée. Tout cela dominé par le grand

Babor avec ses 2.000 mètres d'altitude
et ses flancs couverts de cèdres et de
pins ; et sur chacune de ces cimes, un
village kabyle se pose comme un nid
d'aigle, certainement plus curieux à voir
de loin que de près.

Déjà notre conducteur nous montre
l'entrée des gorges, de ce redoutable
« défilé de l'agonie » que nous essaie-
rons de franchir sans que mort s'ensuive,
après le déjeuner fort confortable d'ailleurs qui nous attend au relais. Une
heure après, grâce à nos chevaux frais
nous atteignons l'entrée des gorges.
Les voyageurs ayant manifesté l'intention de descendre et de marcher quelque
peu, de façon à mieux se rendre compte
de l'horreur de ce site sauvage, le conducteur nous arrête d'autant plus volontiers que la route monte sans cesse.
Nous descendons juste auprès d'une
borne assez élevée sur laquelle nous

pouvons déchiffrer les caractères muti-
lés de l'inscription suivante :

LES PREMIERS SOLDATS QUI PASSÈRENT SUR CES
RIVES FURENT DES TIRAILLEURS COMMANDÉS
PAR M. LE COMMANDANT DESMAISONS,
7 AVRIL 1864.

Sur notre droite, au fond du ravin,
coule l'Oued-Agrioun pendant que de
chaque côté s'élèvent des murailles
rocheuses de 1.800 mètres d'élévation
qui, souvent, ne se contentant pas
d'être à pic, surplombent la route, et
nous donnent à chaque instant la
sensation que nous allons être écra-
sés, moulus, engloutis par leur chute.
Rien de semblable comme horreur à la
Chiffa et à Palestro où l'Isser nous
semble bien mince auprès de ce torrent
qui écume à cent mètres plus bas, bon-
dit de chute en chute avec des roule-
ments de tonnerre ; aussi est-ce avec

GORGES DU CHABET-EL-AKRA

une véritable sensation de béatitude
que nous sortons de ce gouffre infernal
à peine éclairé de quelques rayons, bien
que le soleil soit presque au zénith. Des
nuées de pigeons, seuls êtres vivants,
avec les singes, de ces sites maudits,
tourbillonnent au-dessus de nous.

A la sortie des gorges, une inscription
gravée dans le rocher attire notre attention ; elle rappelle que les travaux
gigantesques faits pour établir une route
dans cet horrible chaos, ont été exécu-
tés par les Ponts et Chaussées de Sétif,
de 1853 à 1870.

Nous descendons maintenant à travers les chênes-lièges, et soudain, dans
une éclaircie, nous apercevons la mer
que notre route ne tarde pas à longer.
Le rivage est bordé d'une superbe végétation où dominent les chênes verts, les
peupliers blancs, les oliviers et les lauriers-roses.

Bientôt, nous sommes à hauteur du cap Aokas, et pendant qu'on change l'attelage, nous pouvons jeter un coup d'œil sur le merveilleux pays qui nous entoure. Sur notre droite, le golfe à l'extrémité duquel Bougie s'élève en amphithéâtre ; un énorme massif de montagnes aux profils dentelés lui sert de ceinture. C'est d'abord le Gouraïa qui domine la ville ; puis le pic de Toudja, le Djebel-Takoucht ; et toutes ces cimes qui ont une altitude de 2.000 mètres sont encore étincelantes de neiges.

Nous voici de nouveau en marche, et nos chevaux frais filent bon train à travers les lauriers-roses qui bordent la route ; enfin après avoir dépassé l'Oued-Marsa, belle colonie avec de superbes vignobles, nous entrons à Bougie.

A part sa situation pittoresque, son port et les ruines romaines que l'on

découvre chaque fois que l'on fouille
son sol, Bougie n'a rien qui puisse
nous retenir longtemps ; la *Saldae* des
Romains, par sa situation, fut la proie
de tous les conquérants ; tour à tour au
pouvoir des Vandales, des Musulmans
et des Espagnols, elle fut prise le
29 septembre 1833 par un petit corps
d'armée commandé par le général
Trézel ; depuis, grâce à la richesse du
sol environnant, cette petite ville devint
un centre de transactions importantes,
et compte plus de douze mille habitants.

Dès le lendemain de notre arrivée,
nous prenons le premier train qui doit
correspondre aux Beni-Mansour avec le
train d'Alger où nous avons l'intention
de rentrer le soir même. Cette ligne
récente qui suit la vallée de l'Oued-
Sahel, passe entre les montagnes de la
grande et de la petite Kabylie. Entre la
route à notre droite et la rivière qui

coule à gauche, nous avons l'occasion
d'admirer plus d'un site merveilleux ;
mais la ligne se ressent encore des dernières inondations et nous avançons lentement au milieu d'une nuée de Kabyles
qui, armés de pelles et de pioches,
déblayent la voie envahie par les terres
glissantes venant souvent de très loin.

A. El-Kseur, qui porte officiellement
le nom de Bitche en souvenir de l'héroïque petite forteresse alsacienne, nous
franchissons un long tunnel et bientôt
nous sommes à Akbou auquel on a
donné le nom de Metz, et qui va devenir, grâce à la nouvelle ligne, un marché très important. Enfin voici Beni-
Mansour, une vieille connaissance dont
le buffet nous réconforte en attendant le
train qui, parti le matin de Constantine,
nous conduira à Alger.

Au tunnel de Palestro, nous rencontrons les mêmes difficultés qu'à notre

premier passage. La voie non déblayée nécessite encore un transbordement qui, cette fois est un peu égayé malgré l'approche de la nuit par les efforts inouïs en même temps que comiques d'une bande de Kabyles qui transportent au train stationnant sous le tunnel, un énorme *hallouf-el-rhaba*, un sanglier à la tête monstrueuse de celui de Calydon, tué dans la montagne et emmené à Alger.

Maintenant, nous sommes en pleine nuit et nous tâchons d'occuper notre temps en fumant et en sommeillant; en effet, nous n'arriverons à Alger qu'à dix heures, voire même plus tard, car il faut compter un peu sur les éventualités.

RETOUR EN FRANCE

Arrivés sans encombre à l'heure réglementaire, nous retrouvons le lendemain matin un Alger tout ensoleillé ; la mer est calme et promet une heureuse traversée.

Mon compagnon retenu par le but de son voyage doit rester encore. Seul, j'assure mon passage sur la *Ville de Tunis*, qui doit partir le lendemain à midi.

Je n'ai donc plus qu'une journée à passer sur cette terre d'Algérie, à laquelle je dois de si beaux jours, et que je quitterai sans bien la connaître, mais avec l'espoir d'y revenir.

Je passe cette journée à jeter un dernier coup d'œil sur cette ville dont le panorama m'avait tant impressionné à mon arrivée, et le lendemain, je m'embarquai chargé des recommandations et des souhaits de bon voyage de mon compagnon. Je pus jouir à mon aise, une seconde fois d'une superbe vue qui, peu à peu s'effaça pour faire place à une bande sombre que les approches de la nuit firent bientôt disparaître à tous les yeux. Jusqu'à une heure assez avancée je restai sur le pont, d'où la fraîcheur de la nuit me chassant, je gagnai ma cabine où j'eus la satisfaction de reposer avec le calme d'un vieux loup de mer.

Le lendemain, la mer fut clémente et le paquebot filait à pleine vitesse ; grâce à cette vitesse constamment maintenue, les côtes de France furent signalées à quatre heures du soir et, bientôt nous passions à quelques encablures du phare du Planier qui, en sentinelle avancée nous annonce l'approche de l'antique Phocée.

Moins d'une heure après, nous cotoyions les îlots et nous franchissions la passe. Bientôt nous débarquions au milieu du tohu-bohu qui signala notre départ ; le même soir je prenais l'express qui, en quelques heures, me déposa, après deux mois d'absence, dans ma vieille et bonne ville de Chagny.

Depuis, trois années se sont écoulées, et bien des événements se sont succédés dans notre colonie. Sans dépasser le modeste cadre que je me suis imposé et dont le but est d'engager mes compatriotes à visiter notre belle colonie de préférence à d'autres contrées moins intéressantes, il m'est néanmoins permis de terminer ces notes par quelques réflexions sur la situation actuelle de notre colonie.

En France, la reconstitution du vignoble se fait rapidement et le temps n'est pas éloigné où la récolte suffira amplement à tous les besoins; cette perspective commence à inquiéter les fondateurs du vignoble algérien, qui grâce à leurs encourageants débuts sont parvenus à produire dans une seule année trois millions huit cent mille hectolitres de vin. D'un autre côté, l'Algérie semble de plus en plus la proie prédestinée des politiciens sans scrupules comme le démontrent surabondamment le procès du boucher Sapor, le puissant maire d'Aumale, et les concussions frauduleuses des phosphates de Tébessa. Un vigoureux coup de balai est nécessaire. Osera-t-on le donner?

Le gouverneur général est quasi

impuissant, les affaires de la colonie étant traitées le plus souvent par les politiciens dans les bureaux même des ministères, sans qu'il soit consulté ; tout le monde semble commander sauf lui, et l'on arrive forcément à cette conclusion : suppression de toute représentation politique dans la colonie et rétablissement de l'unité d'action, si l'on veut se décider définitivement à faire œuvre utile.

L'indigène, saigné à blanc par les Juifs, ne nous pardonne pas d'avoir reconnu ces derniers électeurs ; ceci, joint au profond mépris avec lequel il est traité par le moindre des colons, contribue à le faire tenir vis-à-vis de nous sur une réserve de laquelle il ne se départit pas, et M. Jules Ferry touchait juste lorsque dans un rapport au Sénat il disait :

« Le colon d'Algérie n'a pas ce qu'on

peut appeler la vertu du vainqueur,
l'équité de l'esprit et du cœur, et ce
sentiment du droit des faibles qui n'est
nullement incompatible avec la fer-
meté du commandement. Il est difficile de lui faire entendre qu'il existe
d'autres droits que les siens en pays
arabe, et que l'indigène n'est pas une
race taillable et corvéable à merci. »

L'éminent homme d'État mettait le
doigt sur la plaie lorsqu'il disait
encore :

« Ce qui perpétue la haine entre nous
et l'indigène, ce sont les mesures écono-
miques injustes ou mal conçues, les
rigueurs du régime forestier[1], l'expro-
priation du sol natal, les séquestres qui
ne se liquident pas, le poids incessam-

---

1. Dans l'arrondissement de Cherchell, les
procès-verbaux, dressés pour quelques pousses
broutées par le bétail, s'élèvent à près de
350 francs.

ment accru des impôts et l'arbitraire dans la perception.

. . . . C'est pourquoi il importe, selon nous, de placer le gouverneur général de l'Algérie au-dessus des influences locales et de l'action des corps élus.

Les récents exploits d'Areski et d'Abdoun nous démontrent que la pacification n'est qu'apparente et notre autorité précaire.

En vue de grandir notre prestige et d'affirmer cette autorité, le général Larchey, commandant le 19ᵉ corps, vient d'entreprendre un long voyage à travers le Sahara et d'inspecter les postes fortifiés jusqu'aux confins de notre domination.

Le 11 janvier 1873, le général de Gallifet partit de Ouargla avec sept cents hommes montés à dos de chameaux. Par un *raid* qui restera célèbre dans nos

annales militaires, il atteignait en 13
jours l'oasis d'El-Goléa, située à douze
journées de marche d'In-Salah. Au
retour, il franchissait en 7 jours les
307 kilomètres qui séparent El-Goléa
de Ouargla. Depuis, nous n'avons pas
fait un pas en avant; ce voyage du général Larchey ainsi que celui plus récent
encore de M. Cambon, gouverneur
général, feront-ils entrevoir la nécessité absolue de s'emparer définitivement
des oasis du Touât où peut-être nos
ennemis n'attendent qu'un échec des
Anglais au Dongola pour soulever tout
le sud, établissant ainsi entre l'Algérie
et nos possessions du Niger, une bar-
rière infranchissable.

Ce pays, d'une végétation merveilleuse, une fois soumis, il nous serait
facile de venir à bout des bandes de
touaregs qui terrorisent le Sahara et de
faire reconnaître notre autorité jus-

qu'à nos possessions de Tombouctou. La fin tragique du marquis de Morès démontre une fois de plus la nécessité de réduire à l'impuissance ces hordes errantes, dont l'existence n'a d'autre objectif que le pillage et le meurtre. Nous pourrions alors diriger les caravanes de notre côté, et même les supprimer en partie en établissant le Transsaharien qui amènerait les produits du Soudan directement sur nos ports méditerranéens.

C'est là qu'est l'avenir.

ERRATA

Page 103. — *Lire* hidalgos *au lieu de* hildagos.

Page 124. — Dans les vers de Richepin *lire* modèle de bateau *au lieu de* modèle du bateau.

Page 152. — *Lire* c'est en 1838, *au lieu de* 1828.

Page 154. — *Lire* colonel Bonvalet *au lieu de* colonel Bouvalet.

TABLE DES MATIÈRES

JEUNE FILLE KABYLE

CHAGNY, IMPRIMERIE ROY FRÈRES.